引导
孩子叛逆期

吴景岚　编著

天津出版传媒集团
天津科学技术出版社

图书在版编目（CIP）数据

引导孩子叛逆期 / 吴景岚编著 . -- 天津：天津科学技术出版社，2021.7（2021.10重印）

ISBN 978-7-5576-9516-3

Ⅰ . ①引… Ⅱ . ①吴… Ⅲ . ①青春期－家庭教育 Ⅳ . ① G782

中国版本图书馆 CIP 数据核字（2021）第 129852 号

引导孩子叛逆期
YINDAO HAIZI PANNIQI

策划编辑：	杨　譞
责任编辑：	杨　譞
责任印制：	兰　毅
出　　版：	天津出版传媒集团 天津科学技术出版社
地　　址：	天津市西康路 35 号
邮　　编：	300051
电　　话：	（022）23332490
网　　址：	www.tjkjcbs.com.cn
发　　行：	新华书店经销
印　　刷：	三河市吉祥印务有限公司

开本 880×1 230　1/32　印张 8　字数 180 000
2021 年 10 月第 1 版第 2 次印刷
定价：38.00 元

前言
PREFACE

什么是叛逆期？简单来说，叛逆期就是孩子在不同的成长阶段中自我意识快速发展，对独立、自主、自由有了迫切需求。在此时期，孩子大多表现出逆反行为。而叛逆的对象往往就是约束孩子的家长以及老师。虽然孩子在叛逆期的行为让家长十分烦恼，但这也是孩子成长、成才的关键时期，所以，每一位家长都应该重视孩子叛逆期的教育。

孩子在成长的过程中，一般都要经历三个叛逆期，即：两三岁时的"宝宝叛逆期"、七八岁时的"儿童叛逆期"、12岁至18岁时的"青春叛逆期"。这三个叛逆期分别有不同的特点，反映了三个阶段孩子的个性发展以及心理变化的状况，会对孩子的成长起着不同的作用。

两三岁的孩子怎么会叛逆呢？那么，你有没有遇见过这样的现象：孩子学会了几句脏话，一有机会就说，你越是让他闭嘴，他越说得带劲？孩子总是哭闹，你越不让他哭，他哭得越带劲，而且哭得更频繁了？这些就是孩子叛逆的表现。因为两三岁的孩子也有自己朦胧的独立意识，然而孩子没有很强的辨别是非的能力，有的只是想要"独立"的冲动和探索世界的欲望，因此会用自己独特的方式来了解世界，表达自己需求，而这种特殊的行为方式就成了大人眼中的叛逆行为。

俗话说："七岁八岁讨人嫌，惹得小狗不待见。"原本乖巧的孩子突然变了样：胡搅蛮缠、见人不打招呼、做事磨蹭、总为自己的行为狡辩……这个时期的孩子有强烈的好奇心和求知欲，认知能力逐步提高，自认为自己长大了，而家长还是把他们当作小孩对待。为了实现"独立自主"，孩子总是和家长对着干。

青春期孩子在身体的发育以及课业负担的增加等因素的作用下，许多孩子感到无所适从，从而出现一系列的心理变化，叛逆就又一次到来了。青春期是孩子从少年向成年过渡的重要时期，孩子开始接触社会，他们的独立意识已经很强，也有一定的是非判断力，但是心理发育还不成熟，很容易受到社会上不良人士的教唆或是不好现象的影响，从而产生不好的后果。因此，这个时期的特殊性决定了其教育的艰巨性。

本书详细讲解了各个叛逆期阶段孩子的教育问题，并且结合多方面的心理学研究成果，给家长讲述了可能出现的各种问题，帮助家长深入剖析问题的根源，总结解决问题的方式、方法，以期为家长提供一本解决孩子叛逆期问题的家教经典。

目录

第一篇 宝宝叛逆期：自我意识萌发

第一章 妈妈眼中的"不良习惯" / 002
  洗脸刷牙是个大工程 / 002
  三岁的孩子还没有卫生观念 / 006
  小孩子总是偏食、挑食 / 010
  孩子吃饭就像打仗一样 / 015
  孩子睡觉成了大问题 / 018
  孩子的东西总是遍地都是 / 022
  孩子为何如此多动 / 025

第二章 三岁宝宝的不良个性要引导 / 029
  孩子的性格你知道吗 / 029
  小不点儿也有脾气，说什么都不听 / 033

　　　　家里的"霸道小总裁" / 037

　　　　缠人的小跟屁虫 / 040

　　　　自私是三岁孩子常见的现象 / 045

　　　　家长的娇惯容易让孩子任性 / 049

　　　　三岁孩子的情绪很多变 / 052

　　　　孩子变得焦躁、爱哭闹 / 055

第三章　关注孩子的心灵成长 / 059

　　　　孩子发出了独立的信号——"自己来" / 059

　　　　喜欢自言自语正常吗 / 062

　　　　孩子到了喜欢说"不"的时期 / 066

　　　　喜欢故意说脏话、坏话 / 069

　　　　孩子做事一般都缺乏耐心 / 072

　　　　喜欢与大人对着干很正常 / 075

第四章　三岁孩子的交际圈 / 079

　　　　三岁孩子有点分离焦虑 / 079

　　　　孩子变得不愿意叫人、不懂礼貌 / 082

　　　　孩子不懂得与小朋友分享 / 086

　　　　孩子动不动就和小朋友打架 / 089

　　　　别人的玩具总是比自己的好 / 092

第二篇
儿童叛逆期：我是一个准大人

第一章 纠正不良行为，让孩子受益一生 / 096
  七八岁的孩子突然变得爱睡懒觉 / 096
  孩子大了却不会收拾整理 / 099
  孩子拖拉、磨蹭是可以改变的 / 103
  孩子痴迷于电视、网络 / 106
  孩子偷钱买玩具要不得 / 109
  与家长对着干是典型的叛逆行为 / 113
  孩子为何知错不认错 / 116

第二章 塑造叛逆期孩子的优良个性 / 121
  孩子爱生气、爱发脾气怎么办 / 121
  胡搅蛮缠的孩子让家长伤透脑筋 / 124
  孩子爱搞破坏、搞恶作剧 / 128
  拆装东西成了孩子的乐趣 / 131
  孩子过分自私自利要不得 / 134
  孩子常常欺负弱小怎么办 / 138
  打架是孩子间的正常现象 / 140

第三章 耐心培养孩子的健康人格 / 144
  孩子爱慕虚荣、喜欢攀比要不得 / 144
  孩子的嫉妒心开始变强 / 147

　　　　孩子的自尊心强，不愿接受批评 / 151

　　　　孩子总是有各种借口和理由 / 154

　　　　大人说话，孩子爱插嘴 / 158

第四章　关注孩子的学习状况 / 163

　　　　孩子上课不认真听讲怎么办 / 163

　　　　孩子写作业总是故意磨蹭 / 166

　　　　孩子为什么这么马虎 / 170

　　　　重视孩子的逃学问题 / 173

　　　　叛逆的孩子总是和老师对着干 / 177

第三篇
青春叛逆期：我的青春我做主

第一章　青春叛逆期孩子的性格、心理变化 / 182

　　　　孩子的情绪总是大起大落 / 182

　　　　孤独、自闭怎么办 / 186

　　　　都是虚荣心在作祟 / 189

　　　　自卑而又敏感多疑的孩子 / 193

　　　　怎样扑灭孩子的嫉妒之火 / 197

第二章　青春叛逆期孩子的偏执行为 / 200

　　　　孩子迷恋上了网络 / 200

　　　　追星：越阻止孩子反而越疯狂 / 203

　　　　过度赶时髦、追潮流 / 207

　　　　早恋：羞涩或者疯狂的情愫 / 210
第三章　青春叛逆期孩子的厌学问题 / 215
　　　　学习没意思，不想学了 / 215
　　　　孩子努力了却没有好成绩 / 219
　　　　孩子的学习规划很重要 / 222
　　　　学习效率比学习时间更重要 / 225
第四章　与青春叛逆期孩子的亲子关系 / 229
　　　　家里多了个叛逆少年 / 229
　　　　说一句，顶十句 / 233
　　　　家长的"嘱咐"变成了"唠叨" / 236
　　　　孩子对家长说的话总是嗤之以鼻 / 240

第一篇

宝宝叛逆期：
自我意识萌发

第一章
妈妈眼中的"不良习惯"

○ 洗脸刷牙是个大工程

对于年龄小的孩子来说,不会觉得不洗脸不刷牙有什么不好。因此,孩子对洗脸刷牙都不太感兴趣,在做这些事情的时候则是极其不情愿,也不会安安静静地将这些事情做好。有的妈妈会用玩具哄着孩子,或者用零食等物品诱惑孩子,如果这样孩子也不肯乖乖洗脸刷牙的话,有的妈妈就会采取强硬的态度,强迫孩子或者直接自己动手帮助孩子完成。虽然在软硬兼施后孩子勉强完成了洗脸刷牙的任务,却让彼此的心情变得不好。

相信有很多妈妈都会这样,每天被这些必须要做的事情弄得十分头大,可是又没有什么好办法来改善如此的状况。别说是让孩子爱上洗脸刷牙了,就是能让孩子顺顺利利地完成这一程序也十分困难。

才三岁多一点的乐乐开始上幼儿园了,乐乐很开心,因为每天都能到幼儿园和小朋友玩,但是,乐乐也有不开心的事情,就是每天都要早起床,还要洗脸刷牙。

每当这个时候，乐乐总是磨磨蹭蹭地不想洗脸刷牙，觉得水好玩就玩一会儿水，把漱口杯里的水接满，然后倒掉，再接满，再倒掉，玩得可开心呢。妈妈在旁边催促时，乐乐只好把牙刷放在嘴里，看妈妈不看着自己了，就再接着玩。等妈妈拿着毛巾过来准备让乐乐洗脸时，乐乐的牙还没刷好呢，妈妈没办法，就一边责怪他，一边给他刷牙。就算是妈妈帮忙，乐乐也不愿意刷牙，总是说妈妈刷牙太用力，弄得自己嘴疼！

刷完牙后，妈妈让乐乐自己漱口，乐乐高兴地接过杯子，却把水含在嘴里玩了起来。妈妈看着干着急，就警告乐乐："再不赶快就要迟到了！"乐乐这才不情愿地漱完口。接下来洗脸也是这样麻烦，妈妈不停地催促，乐乐就一边玩，一边不情愿地洗一下。看妈妈要生气了，就赶紧抹几下脸完事。有时妈妈不得不再给乐乐重新洗一下。

有时洗脸刷牙，乐乐一会儿说水太热了，妈妈加点凉水后，他又喊水凉了，等水的温度符合他的要求之后，他又说牙膏太多了……总之，乐乐有太多的办法能让洗脸刷牙这件简单的事情变得非常"复杂"。

本来应该早晚都刷牙，乐乐却只有早晨刷牙，晚上只是洗洗澡就睡觉了。

······································

大部分孩子不明白为什么自己要天天洗脸刷牙，这个"游戏"一点儿趣味也没有，孩子们都不喜欢玩。所以，这件事情就

培养孩子洗脸刷牙的好习惯

 买孩子喜欢的洗漱用品

带孩子去超市,让他自己挑选洗漱用品,这样可以让孩子对洗脸刷牙产生一定的兴趣,减少抵触情绪。

② 让孩子明白洗脸刷牙的重要性

洗脸刷牙是孩子健康成长的必要步骤,三岁的孩子已经可以懂得一点道理,家长可以告诉孩子为什么要洗脸刷牙、勤换衣服。

③ 把枯燥的洗漱任务变得有趣

让孩子洗脸刷牙的时候不必规规矩矩,可以按照孩子的兴趣来做,让任务变得有趣味一点儿,从而提升孩子的积极性。

成了一项难以愉快完成的任务。其实，孩子不喜欢会有很多理由，家长首先要了解孩子不喜欢的原因，然后根据原因找出解决办法。比如洗脸水的温度、大人的用力程度、牙刷的质量和硬度、牙膏的气味，等等。这就需要家长仔细观察孩子的反应，分析孩子的行为，消除各种导致孩子产生抵触情绪的因素。

孩子在三岁时已经有了一定的独立意识，一些事情如果能让孩子自己去做，比家长代劳要好很多。洗脸刷牙也是一样，这个时候，父母要注意使用正确的教育方法，让孩子能够自愿甚至主动洗脸刷牙，尽量避免强迫孩子在非常不情愿的情况下去做这些事情。另外，孩子虽然小，但是已经懂得爱美，也喜欢听人夸奖自己，家长可以据此来适当提醒孩子：你的脸上脏了就不漂亮了，我们洗干净变成漂亮的小朋友好不好？不刷牙的话牙齿会变黄，这样就不如白白的牙齿好看了！当然，如果孩子真的去认真洗脸刷牙的话，家长一定要及时给予赞扬，让孩子有成就感。

孩子不喜欢洗脸刷牙，不排除有的孩子是因为心存恐惧，比如曾经呛水过，这就让孩子对洗脸十分反感和恐惧。家长可以给枯燥的洗脸刷牙任务增加一点儿乐趣，比如大家比赛看谁完成得好，或者一边唱着相关的儿歌一边完成，让孩子在玩的同时完成洗脸刷牙的任务，使他们逐渐忘记恐惧，开始觉得这个事情十分有趣。

孩子毕竟还小，许多事情还不能非常精细地完成，所以如果孩子在自己洗脸刷牙的过程中出现错误的姿势等问题的时候，家长不要大呼小叫，因为这会让孩子产生不必要的压力，使他们更加不愿意做这些事情。

洗脸刷牙是每个人每天都要做的事情，只要慢慢引导，孩子终究会学会并且习惯的。因此，家长完全不必过于紧张，让孩子顺其自然就好了。

○ 三岁的孩子还没有卫生观念

几乎每一个三岁左右的孩子都会在玩的时候把自己弄脏，即使是手上、脸上、衣服上都很脏了，孩子们也并不在乎，还是会开心地玩耍。有些家长可能觉得女孩子比较爱干净，应该不会把自己弄成"小花猫"，然而，在这件事情上，好像并不分男女，就算是女孩，也会经常玩得灰头土脸的。如果让孩子去洗干净，他们还不乐意呢。对此，家长都十分不解，为什么明明自己从小就把孩子收拾得很干净，可是孩子却并没有养成爱干净的习惯呢？

哲哲虽然是个男孩，但是妈妈自从他出生以后就十分注重他的卫生状况，每天都会为哲哲换衣服。有时，哲哲吃东西或者趴在地上玩把衣服弄脏了，妈妈就会立刻给他换上干净的衣服。而且在每天早晨起床后和晚上睡觉前，妈妈都会帮哲哲洗漱干净。每次出门，别人都夸哲哲是个干净的小娃娃。

原以为这样从小的潜移默化就会让哲哲爱干净，但是事与愿违。现在哲哲已经三岁了，经常自己玩，不需要妈妈时时刻

培养孩子讲卫生的好习惯

好的卫生习惯不仅关系到孩子的生活问题,更关系到孩子的健康问题。所以,在孩子小时候就应该帮助孩子养成讲究卫生的习惯。

 讲道理,让孩子明白讲究卫生的重要性

如果不讲卫生,孩子可能比较容易生病,所以卫生问题对孩子的健康十分重要,家长要不断在孩子面前强调讲卫生的重要性。

 认识后果,让孩子知道不讲卫生的危害性

告诉孩子不讲卫生的后果,当他们认识到事情的危害性之后,就会自觉地讲卫生了。

 关注细节,让孩子养成良好的卫生习惯

要让孩子做到真正讲卫生,就必须让他学会注重各种细节,做到防微杜渐才行。

刻都陪着了。可是问题也出现了，哲哲总是把手弄得很脏。有时手上有点脏东西就直接抹在衣服上；有时流鼻涕就用袖子随便一擦，或者用手抹一下，这样，脸上也是一道一道的脏。妈妈催促哲哲洗干净，他还不愿意洗，好不容易哄着洗手，哲哲就直接在脸盆中玩起水来。妈妈要是在旁边催促，他就随便冲冲完事，根本不看手上的脏东西有没有冲掉。

还有就是哲哲的衣服，夏天，他非常喜欢吃西瓜等含水分比较多的水果，每次吃的时候妈妈都要给他围上小时候的围嘴，哲哲坚决不同意，结果等吃完水果，上衣从脖子处一直湿到了肚子处，妈妈拿纸给他擦一下嘴，他就直接跑开了，衣服就是不肯换下来，妈妈不得不跟在他身后追着给他换下来，有时哲哲还会气得大哭。虽然多吃水果对孩子身体好，但是每次吃水果妈妈都会头疼不已。而且哲哲还不允许妈妈把水果切成小块的，一定要自己抱着大的吃，这样，果汁必然会弄到衣服上。

晚上，给哲哲洗澡也是一件难事，以前每天都给他洗澡，孩子也很顺从，有时还在水里玩玩具，玩到水都凉了还不肯出来，可是，哲哲现在根本就不进洗澡间。妈妈每次说要睡觉去了，哲哲就知道要先洗澡，就会一直对妈妈说："我不洗澡，我不洗澡，我想睡觉！"妈妈强行把他放在洗澡盆中他就哭闹，不肯配合妈妈好好洗。妈妈觉得孩子长大了真是太难管教了。

•------------------------------•

其实，一般这个年龄段的孩子都不喜欢洗脸、洗手、洗澡，家长们应该了解孩子不同年龄阶段的心理特点。三岁左右的孩子，并没有卫生的观念，通俗一点说，就是孩子并不知道脏净，所以，要求孩子自己主动爱干净似乎不太可能。家长要耐心地引导和培养，让孩子逐渐养成良好的卫生习惯。

　　家长想要让孩子讲卫生、爱干净，一定要根据孩子的理解水平和心理接受程度来引导孩子，如果只是强迫孩子去做这些他们不愿意做的事情，孩子只会变得更加叛逆，会不断想方法找理由反抗家长，这样是无法帮助他们养成良好的卫生习惯的。

　　许多家长由于孩子不肯配合，就会变得十分急躁，对孩子失去耐心，孩子会察觉出来，也就更加抗拒，觉得洗脸洗手这样的事情和打针一样可怕，反而不利于他们养成良好的卫生习惯。对于三岁的孩子，家长一定要有耐心，不断给孩子讲解卫生的重要性。虽然孩子的理解能力不是很强，但是只要家长的讲解浅显易懂，选择孩子可以理解和接受的语言形式，孩子还是会听进去的。

　　如果孩子认真去做了，家长一定要及时给予正面的评价和夸奖，让孩子得到力量继续维持下去。刚刚开始尝试独立的两三岁的孩子，十分需要家长的肯定，所以，及时的鼓励和赞扬就显得十分重要了。

　　家长是孩子最好的榜样。因此，想要孩子讲究卫生，家长首先应以身作则，并且时常要注意引导和监督孩子的行为。只有持之以恒，让孩子养成了好习惯，孩子才不会在讲卫生这些事情上让妈妈们伤透脑筋。

○ 小孩子总是偏食、挑食

一般情况下,孩子到了两三岁的时候,就可以自己吃饭了。这个时期的孩子也有了主见,对于吃什么有自己的想法。于是,许多孩子开始出现偏食、挑食,吃什么成了令家长十分头疼的问题。如果孩子出现了这样的不良习惯并未得到及时矫正,不仅会导致孩子摄取营养不足,严重影响孩子的生长发育,还会使孩子养成任性、执拗的坏习惯。有些孩子吃饭挑食,任凭妈妈怎么劝都无济于事,对此家长也深感头痛。

笑笑今年已经三岁了,她学会了用筷子,现在吃饭都不用妈妈帮忙了,都是笑笑自己吃。可是问题也出现了,笑笑总是喜欢吃那几样,对于不合胃口的饭菜一口也不吃,妈妈给她夹到小碗里,笑笑就再倒出来。如果餐桌上没有她喜欢吃的肉或是鱼,只有青菜的话,笑笑就会大闹:"都没有肉,我不喜欢吃绿菜!我不吃了!"

有一次,妈妈做了白菜炖肉,希望笑笑多吃一些白菜,可是笑笑拿着筷子专挑肉吃,对于白菜都没有夹。

妈妈对笑笑说:"怎么不吃白菜呢?可好吃了,你尝一口好不好?"

笑笑摇摇头说:"白菜不好吃,只有肉好吃。"

如何改善孩子挑食、偏食的行为

1 提高烹饪技术,不喜欢的食物也美味

家长可以将食材变换不同的做法,使食物色、香、味俱全,只要食物美味,孩子就会吃得香了。

2 循循善诱,让孩子吃下他不喜欢吃的食物

家长可以经常在孩子面前谈论食物的美味或者对身体的好处等,根据每个孩子的不同特点找对方法让孩子一点一点接受不喜欢的食物。

3 为吃饭增添趣味性,让吃饭变成一件有趣的事情

家长可以在食物上加一点孩子喜欢的修饰,无论是颜色还是形状,让孩子觉得有趣,孩子也就爱吃了。

妈妈继续劝笑笑说:"那就吃一口肉,再吃一口白菜,好不好?来,乖。"

说着,妈妈夹了一块白菜给笑笑放到了碗里。

笑笑头一扭,生气地说:"我都说了不好吃,我就不吃!"

爸爸在旁边看着母女两个陷入僵局,便对妈妈说:"她愿意吃什么就让她吃什么吧,再磨蹭下去菜都要凉了。"

笑笑像是得到赦免令一样笑着说:"就是,菜都要凉了。"

看着笑笑继续只挑肉吃,妈妈感到无可奈何。

很多妈妈可能都和笑笑的妈妈一样,对于孩子的挑食行为感到十分无奈,却又想不出有效的办法,时常感到孩子还不如小的时候听话,给什么就吃什么,越大越不听话了。其实,随着孩子的成长,味觉不断发展,也有了一定的自我意识,什么合他的口味就吃什么。而妈妈可能并不清楚孩子的口味是什么,因此做出的饭菜不可能百分百符合孩子的口味。当食物不符合孩子的口味时,孩子就会通过不断发展的语言和动作将自己的想法表现出来以示"抗议",希望家长做出改变,顺应自己的要求。

其实,这是孩子成长过程中的正常心理表现,家长不必强行改变孩子,只要避免孩子养成挑食的习惯就可以了。

许多家长觉得孩子不好好吃饭就是不听话,往往会用语言恐吓孩子,有时甚至动用武力来强迫孩子吃,这样会给孩子造成心理阴影,觉得吃饭是件十分可怕的事情,这样,必然会让孩子产生强烈的反抗行为。

因此,想要让孩子不挑食、不偏食,千万不要用逼迫的方法,而是要抓住孩子的心理进行潜移默化的诱导,逐渐让孩子养成良好的饮食习惯。孩子毕竟还小,心理活动也相对简单,在他们的心理认知中,会认为我喜欢吃什么就多吃一点,不喜欢吃的就不吃。如果家长只是急于改变这种状况的话,就会在吃饭的问题上和孩子战争不断。

那么,究竟该如何解决孩子挑食、偏食的问题呢?

其一,家长应该以身作则,改变自己不良的饮食习惯,并且不要在孩子面前说"不喜欢吃这个菜""拒绝吃那个菜",给孩子做一个不挑食、不偏食的好榜样。

其二,从孩子小的时候就按时吃饭,鼓励孩子品尝多样的食物,避免形成偏食、挑食的习惯。

其三,孩子不喜欢吃的饭菜,可以先让孩子少吃一点,然后慢慢地引导孩子多吃,不要命令式地强迫孩子必须多吃,必须吃完。这样的硬吃,会让孩子产生抵触情绪。

其四,变个花样来烹饪孩子不喜欢吃的饭菜,比如孩子不喜欢吃虾,却很爱喝粥,就可以把虾处理一下,切成小块或者剁细之后放到粥里面。这样,孩子在喝粥的时候就会顺带吃一点儿虾了。

其五,孩子都喜欢听别人的夸奖,家长可以在孩子尝试新食物的时候给予赞扬,以此纠正孩子的挑食、偏食。家长也可以在

培养孩子的饮食习惯

三岁的孩子逐渐开始有自己的主见,对饮食也是一样,为了孩子的身体健康,家长要帮助孩子培养良好的饮食习惯,最为常见、最应该引起注意的有以下几点:

1 总量控制法

很多家长觉得吃得多就是好,其实不然,如果吃得多运动少的话,能量就会以脂肪的形式堆积在体内。所以,家长要将孩子一天的总摄入量控制在合理的范围之内。

2 不要给孩子吃夜宵

孩子在入睡前一小时内吃夜宵,特别是进食过多高脂肪、高蛋白的食物,会让孩子的肠胃处于高负荷运行状态,不仅影响孩子睡眠,还会造成消化不良。

3 适当摄入甜食

适量吃一些含糖食物,有助于孩子的大脑发育。但是摄糖过多会对孩子的身体产生不利影响,所以一定要控制孩子的摄糖量。

孩子面前称赞不挑食的孩子，促使孩子因为羡慕而积极效仿。不过，在给孩子树立这样的榜样时应注意，这个年龄段的孩子已经有了嫉妒心理，因此，家长在夸奖别的孩子时一定要注意观察自己孩子的情绪，避免其产生嫉妒心理。

○ 孩子吃饭就像打仗一样

很多妈妈都在为孩子的吃饭问题感到苦恼，除了孩子挑食、偏食之外，还有一个问题让妈妈们头疼不已，那就是孩子不会坐在餐桌前好好吃饭，每次吃饭都像是一场战争一样，孩子满地乱跑，妈妈就跟在孩子后面追，即使是这样，孩子也可能没有吃几口就拒绝再吃了。妈妈们在生气的同时，更加担心这样会影响孩子的生长发育，可是却苦于没有好的改善方法。

芳芳今年两岁半了，可是看上去比同龄的孩子瘦小很多，芳芳的妈妈说这都是因为芳芳不爱吃饭的缘故。

每次吃饭的时候，芳芳从来不坐在桌前好好吃，有时妈妈打开电视用动画片吸引芳芳坐在桌前吃饭，芳芳就只顾看电视，要么不张口吃饭，要么就是把饭含在嘴里不嚼也不咽。妈妈一旦把电视关掉，芳芳就坐不住了，拿着玩具跑到一边玩，妈妈只好端着小碗跟在她的身后追着喂她。

即使是这样，芳芳也不好好吃，经常会跑开，妈妈又赶紧抓芳芳，被抓到后，芳芳才会不情愿地吃上一口，然后趁妈妈不注意就又跑了，妈妈再追……就这样你追我赶的。芳芳还不好好往下咽，往往吃几口就开始往外吐。妈妈用小勺往嘴里送，芳芳就用舌头往外顶，一顿饭往往要花将近1个小时才凑合吃完。

每次芳芳的碗里都会剩下一半的饭菜。过不了多久，芳芳就会觉得饿，便会找零食吃，找不到的话就闹着妈妈去买。芳芳一旦拿到零食，也不用妈妈哄着或者追着了，自己吃得津津有味的。

为了芳芳吃饭的事妈妈每天都觉得头疼，担心吃不好饭的芳芳会营养不良，而且芳芳过于瘦小也不利于身体的发育。可是，妈妈却找不到可以让芳芳好好吃饭的方法。

··

许多两三岁甚至更大一点的孩子都会出现不好好吃饭的情况，那么，孩子为什么不好好吃饭呢？

根据这个阶段孩子的年龄和心理特点研究发现，主要原因有两个：

一是，孩子不肯在吃饭的时间好好吃饭，与孩子的肚子不饿有直接的关系。假如孩子根本就不饿，你再怎么劝他，他都不会好好吃饭。孩子还小，根本就不知道食物对身体的重要性，不饿他就不吃，不会像大人那样即便不怎么饿也会在吃饭的时间象征性地吃一些。如果孩子在吃饭的时间不吃，肯定会在下一顿饭之前就饿了，这个时候，孩子就会吃零食来缓解饥饿感。针对这样

孩子不好好吃饭怎么办

1 让孩子自己吃饭

这个年龄段的孩子产生了想要独立进食的心理,如果家长还坚持喂饭,孩子就会产生反抗情绪。因此,家长可以借机让孩子学会自己吃饭。

2 不能让孩子边吃边玩,要逐渐培养孩子的好习惯

当孩子手里有玩具的时候,往往就会分散他的注意力,从而不好好吃饭。因此,在吃饭时,家长要拿走孩子手里的玩具、关上电视,让孩子养成专心吃饭的好习惯。

3 必要的时候可以对孩子进行适当的惩罚

孩子叛逆有很大的原因是家长的溺爱,因此,家长首先要改变教育方式,对孩子的叛逆行为要纠正,必要时要适当惩罚,以免孩子变本加厉地叛逆。

的情况，家长可以通过限制孩子的零食量、严格控制就餐时间等方式来进行调整。即使孩子耍赖，家长也要坚持。只有这样，孩子才会慢慢养成良好的按时就餐的习惯。

二是，三岁左右的孩子容易把吃饭当作一种游戏，只要不是明显感觉到饿，就会表现出吃不吃都无所谓的态度。在孩子不太饿，或者心情特别好的时候，就会出现边吃边玩、边吃边看电视等一系列不老实的行为。因此，许多孩子"不好好吃饭"的原因多数是想通过与家长的对抗行为来达到游戏的目的，甚至还觉得这样的对抗也是一种游戏。对此，家长可以将计就计，充分利用孩子的游戏心理，把吃饭行为转换为一种游戏，让孩子在游戏中愉快地把饭吃下去。

当然，家长在吃饭的时候一定要注意就餐氛围，不要在吃饭的时候动不动就训斥孩子。吃饭时尽量多谈论一些与食物有关的有趣的话题，无论吃什么都表现出吃得很香、很满足的样子，以此勾起孩子的食欲。这样，就可以潜移默化地影响孩子对食物的态度，使孩子逐渐变得能够好好吃饭。

○ 孩子睡觉成了大问题

到了该睡觉的时间了，孩子还在兴奋地玩着玩具或者缠着家长讲故事，就是不肯睡觉。有的孩子从八点半开始哄睡觉，到十点了还没有睡着，而家长往往第二天还要上班，因此，看到一直不睡觉的孩子就会觉得心烦，没有耐心再跟孩子耗下去，于是开始训斥孩子或者恐吓孩子,想让孩子赶紧睡觉,这些都会给孩子造成不好的影响,即使孩子睡着了,睡眠质量也会受到一定的影响。

孩子到了该睡觉的点却不肯睡觉是有原因的。也许孩子在此之前看了一个比较恐怖的动画片,或者玩了比较刺激的游戏,或者听了一个有趣的故事,或者吃了太多的食物……这些都有可能让孩子在睡觉前感到兴奋刺激,难以安静入睡。但是,还有一个主要的原因,就是孩子没有养成按时睡觉的好习惯,也就是说孩子的生物钟还没有形成。因此,家长要帮助孩子养成良好的作息习惯,让孩子按时睡觉。

强强快三岁了,整天都告诉妈妈:"我长大了,我要上学去了。"可是,就是这样一个"长大了"的大宝宝,却让妈妈十分头疼,因为强强总是晚上十一二点才睡,自己不睡也不让别人先睡觉。因此,严重影响了爸爸妈妈的休息。最重要的是,这样的作息时间对强强自身的健康也十分不利。

爸爸妈妈想了很多办法,有时讲故事,有时唱摇篮曲,可是强强还是睁着大眼睛说:"再讲一个!""再唱一个!"弄得爸爸妈妈实在没有办法。

为了让强强早点睡觉,妈妈每天早上七点就喊强强起床,可是连续早起几天之后,强强还是到很晚才睡觉。妈妈工作一天已经很累了,回到家还要"加班加点"地照看强强。

孩子不愿睡觉可以这样解决

三岁左右的孩子之所以会出现不愿意睡觉这样的行为,是因为还没有养成良好的睡眠习惯。家长要了解孩子行为背后的心理,帮助孩子养成良好的睡眠习惯。

❶ 要规定明确的睡觉时间

每天到了规定睡觉的时间,即使不困也要躺床上。而且,一旦规定了时间就不要随便更改。

❷ 减少孩子白天的睡眠时间,增加运动量

对于精力旺盛的孩子,家长可以采取这样的方法,孩子白天累了,晚上自然睡得早。

❸ 固定睡前的准备活动

这样可以培养孩子睡觉的情绪,让孩子意识到真的该睡觉了,以此作为一种信号,暗示孩子即将入睡了。

需要注意的是,睡觉前的半小时家长不要再让孩子玩剧烈的游戏,而是应该做一些安静一点儿的活动,让孩子放松,进而快速进入睡眠状态。

有一天，刚到晚上九点，妈妈就让强强洗澡睡觉，强强满嘴"不洗，不洗"，抱着自己的大卡车忙着"运输"，妈妈只好自己先去洗澡，洗完之后强强还在玩。妈妈说："我们该去睡觉了！"强强不情愿地跟着妈妈到了床上，非要看妈妈手机里的汤姆猫，妈妈不给他看，强强就大哭大闹，妈妈只好打开手机让强强玩一会儿。

这样玩了半个多小时，强强自己觉得没意思了就让妈妈讲故事，妈妈给他讲了《小红帽》之后，强强让妈妈再讲一遍，就这样一个《小红帽》的故事妈妈讲了五六遍。连妈妈都累得要睡着了，强强还是十分精神。看着妈妈躺着不动，强强就骑到妈妈身上要"骑大马"，妈妈这个时候又累又困，根本没有力气和他玩，强强见妈妈不起来就又大哭起来。

妈妈没办法就哄他说："好宝宝，现在是睡觉的时间，我们明天再玩好不好？"

强强却说："爸爸还在玩游戏呢，我也要玩游戏！我不睡觉！"

最后，又是到了快12点，强强实在玩累了，才沉沉地睡去。

孩子不睡觉，没有养成良好的作息习惯，是因为这个年龄段的孩子自制能力还不强，也不清楚自己的行为会给别人带来什么样的影响，他们是以自我为中心的。所以，要想让孩子养成良好的作息习惯，家长必须为孩子创设良好的睡眠环境、避免孩子看

刺激性的节目、让孩子睡前不要玩太兴奋的游戏，等等，另外，在孩子睡前一定要让孩子排尿，避免孩子因为憋尿而翻来覆去地睡不着。

值得注意的是，当孩子由于各种原因不想睡觉的时候，家长一定不要采取恐吓或者打骂的方式，因为这样不仅容易引起孩子更加强烈的逆反心理，而且容易给孩子身心造成伤害。

○ 孩子的东西总是遍地都是

一般来说，只要是有小孩的家里，每天都要收拾很多遍，可是家里的各个角落还是会有孩子扔的各种物品或者玩具。孩子似乎到了这个年龄段，都会经常性地乱扔东西，这让家长们十分烦恼。家长总是要跟在孩子后面不停地收拾，可是往往这边还没有收拾完，那边已经开始新一轮的乱扔了。

从行为学上来说，孩子的这种扔来扔去的行为对孩子来说既是一种好玩的游戏，又是孩子探索世界的开始。虽然家长可能觉得这种行为很无聊，但是孩子却乐此不疲，这种反复的、重复的动作，是促进孩子发展各方面能力的重要开端。

浩浩三岁多了，是家里的独生子，爷爷奶奶十分疼爱这个孙子，于是买了很多玩具给浩浩，加上亲戚朋友送的，爸爸妈妈根据孩子成长阶段买的许多益智玩具，家里的玩具真是多得不得了。这也让妈妈十分烦恼，因为浩浩非常喜欢乱丢东西，

孩子乱扔东西，家长可以这样做

1 只允许孩子在规定的区域内乱扔

这样做了规定，孩子就可以继续扔东西探索世界，家长也可以不用收拾所有的房间。

2 引导孩子在扔东西的过程中学到知识

孩子在扔东西的过程中会不断探索，家长可以和孩子一起探究，帮助孩子学习更多的知识。

3 帮助孩子创造更有趣的扔东西的游戏

有的东西怕扔坏，家长可以暂时收起来。如果孩子不愿意，就可以开发一些更有趣的、不容易扔坏的东西来玩。

对于孩子爱乱扔东西的行为，家长正确的做法不应该是批评孩子，而是想出一些对策，应对孩子的淘气。在不断地努力下，孩子乱扔东西的行为会渐渐得到改正。

家里的每一个地方都能看到他的玩具，床上、沙发上、地板上、桌子上、电视柜上，甚至是阳台、卫生间、厨房，都散落着浩浩的玩具。

没有办法，妈妈只得跟在孩子后面收拾。通常是妈妈刚把浩浩玩过的一堆玩具收拾到一个大箱子里，那一边，浩浩又从别的箱子里拿出玩具乱扔。

有一次，妈妈找不到肥皂盒了，肥皂还在卫生间放着，却不见盒子了。妈妈就问浩浩有没有见到，浩浩说扔了，但是忘了扔到哪里去了。妈妈找了家里的各个角落都没有找到，结果在下楼扔垃圾的时候，发现肥皂盒被浩浩扔到楼下的树丛边了。还好没有砸到人，否则后果不堪设想。妈妈越想越生气，拿着肥皂盒上楼好好地教训了一下浩浩。浩浩哭着说自己听话，以后不会乱扔东西了。结果没过十分钟，他就把床头的小闹钟扔到床底下去了。看着这么爱扔东西的浩浩，妈妈真的是没有办法了。

像浩浩的妈妈一样，对于孩子乱扔玩具，家长往往会持否定的态度，其实这是孩子必经的一个过程，家长完全没有必要烦恼。孩子在小时候第一次将东西扔出去的时候，会十分兴奋，觉得自己长本领了。因此，还会再次、反复地扔东西，并希望得到家长的表扬。孩子扔东西的过程其实也是孩子学习的过程，孩子从中可以学到很多，比如不同物体落地时发出的声音会不同，物

体抛出的轨迹和下坠的轨道、方式不同……这些都可能会引起孩子的关注以及思考。所以，扔东西对于孩子而言，是一个必经的学习、成长的过程，对于孩子的心理成长有很大的好处。家长不应该采取反对的态度，阻止孩子的探索。

对于孩子的这种行为，正确的做法应该是：在孩子刚刚学会扔东西的时候，要给予支持，让孩子能够开心地玩，轻松地感悟、接受知识。如果担心孩子会把东西扔坏，家长可以为孩子提供一些毛绒玩具、皮球、抱枕等不会摔坏的物品，或者在孩子的娱乐区铺上垫子，并且要为孩子提供一个安全、宽敞的环境，让孩子扔个够。玩耍结束后，家长带着孩子一起收拾玩具，等孩子长大一点，就要让孩子自己收拾整理玩具，避免其形成不良的行为习惯。

○ 孩子为何如此多动

小孩子的精力似乎永远也用不完，总是动来动去，干了这个又干那个的，除了睡觉，根本没有安静的时候。有时，妈妈要做一件事，孩子就会在旁边一直捣乱，让妈妈干不成，妈妈找来玩具或者打开电视想让孩子安静一下，结果不到五分钟孩子就玩腻了，又开始捣乱。

绝大多数两三岁的孩子都是很顽皮好动的，他们好像永远不知道疲倦。有时家长刚把孩子抱到沙发上让他坐一会儿，家长还没有起身孩子已经翻身下来或者开始在沙发上捣乱了。面对总是

孩子好动，家长可以这样做

1 以动制动，让孩子充分运动

给孩子充分的时间让他们运动，让孩子把剩余精力全部发泄完。

2 闹中有静，通过游戏帮助孩子克服好动的习惯

好动的孩子都喜欢游戏，可以通过一些动静结合的游戏帮助孩子锻炼控制自己身体的能力。

> 想要改变孩子多动的行为习惯，家长既要满足孩子好动的要求，又要有所限制，既要尊重孩子的权利，又要积极引导。

不停乱动的孩子，许多家长就会怀疑孩子是不是有多动症。

其实，家长应该先了解一下什么是多动症。多动和多动症并不是一个概念，多动是一种过量的、无法自控的活动，通常表现为不能安静地坐下来或者放慢动作的节奏。而多动症，又被称为注意力缺陷多动症或脑功能轻微失调综合征，主要表现为集中注意力的时间较短，情绪容易冲动、多起伏。多动症必须经过医生

的诊断才能确认，家长一定不能妄下结论，更不能胡乱给孩子吃一些镇静的药物。

小智已经两岁十个月了，特别好动，除了睡觉，其余时间会一直动。他不是爬到沙发上跳，就是在床上翻跟头；在客厅玩玩具的时候也是不停地动，一会儿坐着，一会儿又趴在地上，有时还要跳几下……总之，就是停不下来。

吃饭的时候，妈妈让小智坐在凳子上，还没坐几分钟，他就跑开了，妈妈就把他拽回来。他不是站在凳子上吃，就是趴在桌子上吃，要么就拿着筷子挑挑这个菜，戳戳那个菜，妈妈气得夺下他的筷子，他便拿起勺子把碗里的粥搅圈圈，有时还会使劲吹碗里的粥，把粥吹出去溅到餐桌上，妈妈把他的粥端起来放一边，小智又拿出玩具放在桌子上玩……往往一顿饭，小智就要忙活好多事，一刻也不能停下。

在外面，小智更是活泼好动。在广场上，每一个健身器材他都要玩一下，有些很危险，妈妈会让他下来，可是一转眼的工夫，小智就又上去了，而且是玩完一项马上就换下一项，妈妈得一直在身后追着小智。小智看到别的小朋友在玩，不管认不认识，都要去招惹一下人家，有时还抢别人的玩具，小朋友如果不给，他就用手去推人家，为此，妈妈没有少批评他，可是小智总是改不掉。

大多数三岁左右的孩子都和小智是一样的，似乎每时每刻都在动，是什么原因让孩子这么好动呢？其实原因有很多种，纯粹的由生理因素导致的多动只是少数的，大多数是行为习惯的积累。面对孩子好动的问题，家长一定先要接受它，然后再慢慢地改变它。家长对待多动的孩子时态度千万不要简单粗暴，不然的话，问题不但解决不好，还会影响亲子关系。家长应该尽量做到忽视孩子的好动行为，只要没有到忍无可忍的程度，就装作没看见。时间一长，孩子感觉家长不再关注他的这些行为，就会觉得无趣，也就慢慢变得正常了。

第二章
三岁宝宝的不良个性要引导

○ 孩子的性格你知道吗

性格决定命运。如果想要孩子有一个好未来，就要在三岁左右开始培养孩子的性格，因为这个阶段是孩子性格开始养成的关键阶段。性格主要体现在对自己、对别人、对事物的态度和所采取的言行上，是人格构成中最核心的部分。虽然说性格受气质的影响，但是后天环境的作用对人的性格形成也有至关重要的作用。

在日常的生活中，孩子就会展现出自己的性格，家长一定要注意留心观察，了解孩子的性格倾向，然后积极帮助孩子培养良好的性格。

璇璇今年上幼儿园了，妈妈原本以为上幼儿园之后璇璇一定会很开心。因为璇璇的爸爸妈妈工作都很忙，平常没有太多时间照顾她，除了奶奶有时陪她以外，璇璇几乎都是自己玩，而她平时也很少说话。想到幼儿园有很多小朋友，妈妈觉得女儿终于可以有好朋友了。

六一儿童节时，家长们被邀请到幼儿园观看孩子们的演出。许多小朋友都表演了节目，有的朗诵了诗歌，有的表演了舞蹈，有的唱了歌，还有的讲了故事，家长看到孩子们的精彩表演都很开心。但是璇璇的妈妈却十分着急，因为自己的女儿并没有表演节目，而是坐在一边一个人低着头玩玩具。

演出结束后，妈妈找到老师，问璇璇在幼儿园的表现。老师说璇璇特别聪明，教的东西一学就会，就是不爱说话，也不喜欢和小朋友们玩，总是一个人玩。老师还说这个年龄段是孩子性格形成的关键时期，让璇璇妈妈多注意，要多和孩子说说话，避免孩子以后形成内向的性格，否则，孩子长大之后就更不爱说话了。

小孩子的性格有一部分是由自身气质决定的。人的气质共分为四种，分别有不同的特征：

（1）多血质气质

这种气质的特征是：外向乐观、热情洋溢、亲切可人，善于言辞、幽默、好表现，好奇心强、有个性、有创造力，追求幸福与快乐、思维正向，但容易无计划、无条理、信口开河、只说不听、对数字缺乏概念、爱打断别人的谈话、对别人无所谓对自己也无所谓。

（2）抑郁质气质

这种气质的特征是：内向、悲观、爱思考、严肃、整洁、生

为孩子的性格塑形

孩子的心理还没有发展成熟,对于性格的塑造需要家长的帮助,这个时期,家长要负起责任,为孩子的性格塑形。

1 及时纠正孩子的错误行为

许多家长对于孩子的不良行为不在乎,认为孩子还小,但是这会在无形中强化孩子的不良行为。

2 设置情境教孩子

三岁左右的孩子理解能力还不强,单纯地教孩子,他们可能无法理解。如果设置一个情境的话,孩子就比较容易理解了。

3 家长的影响

家长是孩子模仿的主要对象,对孩子的行为和性格的形成有很重要的作用。所以,家长首先要做好榜样,潜移默化地影响孩子。

活有规律、节俭、认真、敏感、原则性强、记忆力好、具有奉献牺牲精神，容易思维负向、对别人要求严格对自己也严格。

（3）胆汁质气质

这种气质的特征是：天生的领导者、喜欢挑战、充满自信、富有正义感、爱憎分明、严肃、行动力强、精力充沛、工作狂、喜欢争辩，但容易独断专横、坚持己见、喜欢操纵一切、很少考虑别人的感受、对别人要求严格对自己无所谓。

（4）黏液质气质

这种气质的特征是：文静友善、宽容、不急躁、自治自律、平静满足、有耐心、好脾气、气质稳定、易和任何人相处，但容易马虎随便、固执低调、漫不经心、无主见、缺乏热情、对别人无要求对自己不苛求。

了解了这四种气质后，家长可以对照着看看孩子属于什么气质类型。通常，大多数孩子是几种气质类型的综合体，有可能只是偏向于某一种。但是，找到孩子最主要的气质类型，了解这种气质类型的性格特点，就可以知道孩子的性格特点，从而学会包容孩子的不足，完善孩子性格的弱点，发扬孩子性格的优势，孩子的人格就可以比较健全。

然而有时候，孩子会出现两种不同的性格，比如孩子在家里对家人颐指气使、活泼好动，到了外面就变蔫了，看着别的小朋友玩得高兴，自己却不敢靠近，只能待在一边看别人玩；别的孩子欺负他，他也不敢还手，只会哭。其实这样的孩子往往是因为在家里被家长过分保护，失去了发展自己能力的机会，以至于主动性差、缺乏自信，不能真实地展现、表达自我。

孩子的性格和人格是在不断变化的过程中形成的，当一个孩子不断选择消极因素时，就养成了消极的行为习惯，孩子的人格、性格特征就会是消极的，心态也是消极的。

三岁左右的孩子主要还是以自我为中心，家长不能指望孩子一下就改变，学会乐于分享等好品质。但是，在孩子与他人交往有困难的时候，比如和小朋友争抢玩具没有成功或者和别的小朋友打架了等，都说明孩子的社会化进程完成得不是很好。这个时候，如果家长不能及时给予孩子一些帮助和支持，孩子就容易形成孤僻、自私、不善交际等性格特征。

所以，孩子的性格虽然与自身气质有关，但是后天环境的影响还是非常关键的，家长要在孩子性格形成的关键时期给予孩子一定的帮助，让孩子的性格更加完善。

○ 小不点儿也有脾气，说什么都不听

孩子还不是很会表达自己意愿的时候，就已经学会了说"不""不行"。只要不符合他们的心意，孩子就会说"不行"。由于孩子还小，家长总是宠着孩子，对孩子"言听计从"，这样，会让孩子觉得生活完全是按照自己的心意的。

当孩子到了三岁左右，已经开始懂得一些简单的道理，因此，家长就希望开始给孩子立规矩。可是，这个时候家长会发

如何对待执拗的孩子

孩子也有自己的一些道理，可能大人会觉得这些道理听起来非常可笑。但是孩子的思想是单纯的，他们觉得世界就应该是那个样子的，因此，孩子和家长总是想不到一块儿去。对于执拗的孩子，家长可以这样做：

1 倾听

只有了解了孩子的心理发展状况，才能找出解决问题的办法。因此，要多和孩子沟通，倾听孩子的心声。

2 顺其自然

三岁左右的孩子的思维是直线型的，家长应该理解孩子的这种思维方式的发展过程，顺其自然，因为孩子的思维方式是在不断发展变化的。

3 说话讲究技巧

不要用否定的话语和孩子讲话，而是用肯定和认同的方式告诉孩子。如果要求孩子做什么时，要明确告诉孩子。

现,孩子已经习惯了自己说了算的生活方式,对于家长的话他们总是不愿意听。

孩子两到三岁期间,会频繁出现"不行""我就要……"等话语,这其实就是孩子执拗的表现。当然,这并不代表孩子学坏了,或者是跟家长对着干,而是孩子在这个时期自我意识不断发展,行为上越来越独立。这也说明孩子已经到了人生的第一个叛逆期——宝宝叛逆期。

可可今年两岁多了,但是妈妈发现,可可现在还不如一岁多的时候听话呢,她经常不听家长的话,跟她商量她也一直不同意,如果强行按照妈妈说的做,她不是哭闹就是在地上打滚,总是要按她说的做才行。妈妈总是对爸爸说:"女儿可是真执拗啊,是不是随你?"

每天吃完晚饭,妈妈都会带可可去广场玩,一呢想让可可多接触人,二呢也好消化消化。可是,遇到下雨或者大风的天气,就没法出去了,但是可可不愿意在家里玩,就会又哭又闹,怎么说都不听。

其实就算是天气好去广场,由于可可的家离广场有一段距离,她经常让妈妈抱着,妈妈抱一会儿就抱不动了,让她下来自己走,可可的双腿一缩,就是不着地,非让妈妈抱着不可。说她累吧,到了广场,她立刻就会下来,满地跑着玩耍,有时还跟着跳广场舞的队伍跳好久。等到回家的时候,可可又要让妈妈抱着。有时,爸爸也会跟着一起去,但是可可从来不让爸爸抱,妈妈累了,说让爸爸抱一会儿,可可就抱着妈妈的脖子说:"妈妈抱。"

每次都是这样,可可想要怎么做,事情就一定要怎么做,否则的话她就会哭闹。有时妈妈生气了就打她几下,可是根本不管用,她只会闹得更厉害,到最后,还是要按照她说的去做才行。妈妈觉得拿这个执拗的小家伙实在是没有办法了。

就像例子中的可可一样,这个年龄段的孩子已经会独立思考一些问题,也有了自己的想法,而又都是以自我为中心的,所以,孩子希望按照自己的方式去做事,本能地抵制、反抗自己不喜欢的事情。而孩子的语言能力发育得还不完善,在不愿意按照家长的意思去做事的时候,孩子还不能准确地表达出自己的思想、情感和需要,因此,孩子会用一些反抗的行为来表明自己内心的想法。而这一切在家长的眼中,就成了孩子执拗的表现。

家长应该明白,这个所谓的孩子的执拗,是孩子从依赖别人转向能够独立面对这个世界的必经过程。几乎每一个孩子都会出现这种状态,而且会持续大约半年的时间。家长只有了解了这些之后,才能理解孩子的这些行为,掌握孩子在这个阶段的心理特征。

虽然知道执拗是每个孩子都会经历的一个时期,但是对于过于执拗的孩子,家长也不能一味地迁就和忍让,可以适当地让孩子接受不听话的惩罚。但是，面对执拗期的孩子，家长尽量不要强制孩子改变，硬碰硬的话会让孩子更加反抗，反而不利于孩子的身心健康。家长可以创造温馨、和睦和欢快的家庭氛围，可以逐渐影响孩子，让他们变得比较开朗和不较真。如果孩子所坚持的事情并没有什么原则性的错误，家长大可不必强迫孩子改变，而是适当地做一下让步，尽量满足孩子的要求。随着年龄的增长和与外界的不断接触，孩子也会逐渐变得随和，不再这样执拗的。

○ 家里的"霸道小总裁"

许多有孩子的家长都会发现，孩子在两岁半到三岁这个阶段，会变得十分专横，不愿意和别人分享属于自己的东西。孩子能够分清楚哪些是自己的，哪些是别人的，并且，即使是别人的东西也会抢过来。孩子非常执着于自己想要的东西或者是自己想做的事情，不会理会别人的意见，如果想让家长或者别人干一件事情对方就必须干，不干就会闹，完全就是一个"霸道总裁"的形象，什么事都要按照自己的心愿去做。

其实，这些都是因为孩子在这个年龄阶段的自我意识开始萌发，而又非常以自我为中心，不愿与人分享，所以才会逐渐形成这样的霸道性格。孩子的霸道是自我意识太强烈、不受约束的结果，虽然说大部分孩子在三岁左右出现霸道的行为，本是非常正常的现象，但是家长也要适当教育孩子，如果放任不管的话，孩子就会认为他的这种霸道行为是别人可以接受的、是正常的,这样反而让孩子更加霸道,以至于不懂得分享,这对于孩子的健康成长以及人际交往是十分不利的。

涛涛是独生子,从小爸爸妈妈就十分宠爱他,什么都依着他。渐渐地,涛涛习惯了这样顺自己心意的生活。只要是他喜欢的东西,谁也不许碰,要不然他就会又哭又闹,有时候还打人。现在,三岁的涛涛开始上幼儿园了,可是,在幼儿园里,涛涛还像在家里一样,想干什么就干什么,看到什么东西好玩,也不管是谁在玩就直接抢过来玩。老师劝说了好几次,可是涛涛依旧我行我素。

有一次,放学的时候妈妈去接涛涛,看到涛涛手里拿着一个变形金刚,妈妈根本就没有给他买过这个玩具,显然又是涛涛抢别人的。果然,还没等妈妈问涛涛呢,一位妈妈就带着一个小男孩走过来,小男孩指着涛涛对自己的妈妈说:"妈妈,就是他抢了我的变形金刚!"涛涛的妈妈感到十分不好意思,就对涛涛说:"这个玩具是这个小朋友的,你赶紧还给人家吧!"涛涛一扭头,把玩具护在怀里,就是不肯交出来。

平常,妈妈总是宠着他,可这一次妈妈不能再纵容孩子了。于是,妈妈对涛涛说:"如果你不还给小朋友,妈妈就回家把你的玩具都拿来给这个小朋友!"涛涛生气地看着妈妈说:"我也喜欢这个,我就要这个,你让他玩别的去!"没想到涛涛这

改变孩子的霸道行为

小朋友都不愿意和霸道的孩子玩,慢慢地,孩子就会变得不受欢迎,甚至是被孤立。因此,面对孩子的霸道行为,家长应该帮助孩子改善,让孩子更加受欢迎。

1 及时引导,教孩子用正确的方式与他人相处

面对霸道的孩子,家长可以既不过分处罚,也不任其发展,而是及时教育孩子以一颗爱心、善心来对待周围的小朋友。

2 让孩子经受一些挫折,使他知道遵守规矩

在孩子霸道的时候,可以让孩子经受一些挫折,比如面对别人的批评,家长做一个旁观者,不替孩子道歉,让孩子知道应该遵守规矩。

3 让孩子尝尝"被霸道"的滋味

孩子总是很霸道,家长可以以其人之道还治其人之身,也霸道地对待孩子。当他无法忍受别人的强占时,他就会明白,以后也会改变态度,不再霸道。

么霸道，妈妈生气地把变形金刚夺过来还给了那个小朋友。涛涛一看玩具被抢走了，立刻大哭起来，不停地踢妈妈的腿，还撕拽妈妈的衣服。

从上面的例子可以看出，涛涛之所以如此任性，与家长的娇惯是分不开的。孩子本身就是以自我为中心的，如果家长再过分娇惯，总是满足孩子的一切要求，要什么就给什么，想怎么样就怎么样，就会让孩子产生一种错误的观念，认为所有的东西只要是自己喜欢的就可以占为己有，这样下去，孩子在行为上就会变得更加自私和霸道。这也是孩子形成霸道性格的一个重要的原因。另外，有些孩子在气质类型上属于胆汁质，这种气质类型的孩子在面对困难和挫折的时候容易表现出鲁莽、冲动等行为，也会使孩子形成比较霸道的性格。

不过，对于孩子的霸道行为家长不必过于担心，在心理学上，有一个态度效应，表现在家庭教育方面就是，面对正在成长中的孩子，家长要真诚地爱孩子，要让孩子懂得分享和尊重。如此一来，便能激发出孩子成倍的友善、分享和尊重。对于霸道的孩子，家长完全可以用这样的态度来影响他、感化他。

○ 缠人的小跟屁虫

小孩子都比较缠人，尤其是爱缠着妈妈。经常会看到刚上幼儿园的孩子被妈妈送到幼儿园门口，却怎么都不肯进去，拉着妈妈不让妈妈走，或者是非让妈妈陪着才肯进去，等妈妈要走的时候就会大哭大闹，要很久才能平息。这是因为孩子的依赖性太强，无论在生活上还是在情绪上都非常依赖他人，而孩子在小的时候大多数和妈妈待的时间比较长，也和妈妈最为亲近，因此就会特别爱缠着妈妈。

　　孩子的这种依赖行为和孩子所处的环境有很大的关系。孩子因为年龄较小，家长如果过分溺爱孩子，什么事都替孩子做好，那么，孩子就会逐渐养成依赖的习惯。如果可以给孩子一个独立的空间，家长尽可能让孩子自己做事情，孩子的依赖心理自然会逐渐减弱。久而久之，孩子就能慢慢不再对家长过分依赖，从而养成自己做力所能及的事情的好习惯。

　　可是，现在的家长总是太过溺爱孩子，不舍得让孩子哭，只要一哭一闹，就会什么都顺着孩子。孩子做事情的时候担心这担心那的，还怕孩子会受伤，就替孩子做了。这样，只会让孩子越来越依赖别人，等到了上学的年龄也不能自己做简单的事情，对于孩子适应社会是十分不利的。

　　郑郑已经三岁了，许多事情都会自己做了，可以用筷子自己吃饭，用勺子自己喝粥，也会自己穿衣服和穿鞋，等等。但是，最近郑郑却特别"懒"，什么事情都不肯自己做，都要等着妈妈帮自己做才行。

　　到了吃饭的时候，郑郑就站在一边等着，妈妈搬过他的小

巧妙应对小跟屁虫

孩子因为年龄小而依赖亲人，特别是妈妈，这本是无可厚非的事。但是，随着年龄的增长，过分地依赖对孩子的成长并没有好处。因此，家长应该帮助孩子改掉依赖别人的习惯。

1　不包办，自己的事情自己做

教育孩子，一定不能包办代替，而是坚持让孩子自己做一些力所能及的事。

2　不专制，不享受孩子的依赖

有些家长觉得孩子依赖自己是爱自己，不依赖反而觉得失落。这些想法是不对的，应该改变自己的想法，鼓励孩子独立处理问题。

3　不打击，给孩子独立的勇气

孩子毕竟还小，有些事情可能做不好，这时家长不要数落孩子、打击孩子，应该多肯定、多鼓励孩子，给孩子独立做事的勇气。

板凳放下，他才会坐下，吃饭要让妈妈一口一口地喂，吃肉的时候还要妈妈夹成小块之后再喂他吃。更夸张的是，现在妈妈每天要上班的时候，郑郑都不让妈妈走，抱着妈妈的腿不肯撒手，非让妈妈在家里陪他玩。妈妈强行走的话，郑郑就跟在妈妈身后一边跑一边哭。

以前郑郑自己在客厅玩玩具的时候，妈妈就可以做一下家务，可是现在郑郑什么都要妈妈陪着，玩玩具也要和妈妈一起玩。在家里，只要郑郑还没有睡觉，妈妈就什么都干不成，哪怕到厨房刷碗，郑郑一下没有看到妈妈就开始哭，到厨房找到妈妈就开始抱着妈妈的腿不肯松手，妈妈只好到客厅陪他玩。总之，妈妈要一直在他的视线中才行，只要他看不到就开始哭。有时候妈妈出门买点东西，天气太热就不带着郑郑，总是要趁郑郑不注意的时候偷偷走，等郑郑发现妈妈不见了，就开始哭，非要爸爸带他去找妈妈。好几次，妈妈买东西回来都看到爸爸抱着郑郑在楼下找她呢。

原本以为，孩子慢慢长大自己的时间就会越多，妈妈完全没有想到孩子长大了一点反而更加缠人，像个小跟屁虫一样，走到哪里跟到哪里。

孩子喜欢依赖别人，特别是家长，有很大一部分原因是家长造成的。现在的家长给孩子提供的环境过于优越，把孩子照顾得无微不至，什么事情都替孩子做。这样，孩子就逐渐养成了饭来

张口、衣来伸手的依赖习惯。

就像例子中的郑郑一样，孩子不自己吃饭，妈妈就一口一口地喂他；孩子想让妈妈陪他玩，妈妈就什么都不干陪孩子玩……这样，孩子就会认为这是理所应当的，所以会变得十分缠人。还有的家长在孩子想要尝试着用自己的力量去做一些事情的时候，总是认为孩子还小，怕孩子做不好，或者担心孩子受伤而阻止孩子自己来。其实这是不利于孩子的身心健康发展的，也是导致孩子产生依赖心理的主因。

那么，面对孩子的缠人行为，家长可以怎样改善呢？

首先，家长要正确认识孩子的这种依赖行为，这种行为不是因为孩子不懂事、不听话，其实是孩子的心理、情绪发展过程中的正常表现，家长不必过于担心和忧虑。

其次，应当理解孩子的感情需要，尽可能地从生理、心理上全面照顾孩子，尽量减少孩子因为与依赖的人分离所产生的焦虑和不安。

最后，如果要与孩子分离，应与孩子讲明白，提前用孩子能够听懂和理解的话语来告诉孩子，让孩子能有一定的心理准备。不能像例子中郑郑的妈妈一样什么也不说，趁孩子不注意就偷偷离开，这样会让孩子产生恐慌甚至是被"丢下"的心理，更会让孩子产生强烈的不安和不信任感。如果孩子一直纠缠家长不让离开，家长不要认为是孩子闹脾气，就不理睬孩子，忽视孩子的情感。如果离开孩子之后回来，一定要主动抱抱孩子或者亲吻孩子，让孩子感受到家长的关爱，明白家长的离开并不是抛弃，家长还是非常爱自己的。

○ 自私是三岁孩子常见的现象

自私似乎是现在的独生子女的共性了，家里只有这么一个宝贝，爷爷奶奶、外公外婆加上爸爸妈妈，六个大人疼这么一个小孩，孩子被照顾得无微不至。

原本把孩子照顾好是家长的责任，但是现在的许多家长对孩子过于溺爱，造成孩子不好的个性，比如说自私、霸道、过分依赖，等等。

自私就是过分关心自己，只注重自己的快乐和感受，很少考虑别人的感受，一切以满足自己的欲望和利益为主。当然，孩子的自私行为并不是一两天就能形成的，而是在家长日复一日的过度关心和保护的过程中逐渐形成的。比如孩子小的时候遇到好吃的并不会只自己吃，可能会让爸爸妈妈也吃，但是爸爸妈妈往往会说："爸爸妈妈不吃，你自己吃吧。"久而久之，孩子就会觉得好东西自己吃是理所应当的。之后，家长再要求孩子和别人分享好吃的，就会变得十分困难，玩具等物品也是如此。

楠楠快三岁了。虽然妈妈总是教育楠楠有好东西要和别的小朋友分享，但是由于妈妈每天都要上班，平时都是奶奶在家看着她，而奶奶十分宠溺楠楠，总是她说什么就是什么，她要什么就给什么，而且有好吃的奶奶也舍不得吃，都是让楠楠一个人吃，就这样，快三岁的楠楠十分自私，她的玩具和食物从来都不愿意和别的小朋友分享。

楠楠很喜欢和比自己大一岁的悠悠一块儿玩。悠悠非常喜欢楠楠，有好吃的、好玩的都会给楠楠玩，但是不允许楠楠拿走她的玩具，只能在他们家里玩。当悠悠来楠楠家玩的时候，楠楠不允许悠悠玩她的玩具，如果奶奶给悠悠拿来好吃的，楠楠就抢过去，奶奶硬要给的话楠楠就会大哭。

有一次，妈妈给楠楠买了一个芭比娃娃，楠楠非常喜欢。悠悠来玩，看到后也很喜欢，就拿起来想玩一下，结果，楠楠一把抢过去抱在怀里说："这是我的。"悠悠商量道："我就玩一会儿，好不好？"楠楠赶紧抱着芭比娃娃跑开了，躲在一边说："你想玩就叫你妈妈也给你买吧！这是我妈妈给我买的。"悠悠玩不到芭比娃娃只好作罢。

悠悠看到楠楠的玩具箱里有许多玩具，就拿起一个不倒翁。楠楠看到后，赶紧放下芭比娃娃，抢过不倒翁说："这是我的，不许你玩！"就这样，悠悠拿起一个，楠楠就夺下一个，始终不让悠悠玩自己的玩具。到最后，悠悠生气地离开了楠楠家。

●───────────────────────────●

小孩子的自私行为是很正常的，这个阶段的孩子还是以自我为中心，什么事情都是先为自己着想，如果家长肯好好教导的话，孩子还是会与别人分享的。但是，如果家长还是一直溺爱孩

怎样才能让孩子不自私

孩子的自私虽然有一部分是天性使然,但是与家长长辈的溺爱是分不开的。所以,要想让孩子学会分享,不再自私,家长的态度十分关键。

1 公平对待孩子,不搞特殊化

家长要给孩子营造一个公平的成长环境,教育孩子看到自己的同时也要看到别人,坚决不给孩子搞特殊的待遇。

2 让孩子在实践中学会关心别人

在日常生活中,家长可以经常创造机会让孩子为他人服务,让孩子在实践中懂得关心他人。

每个人都希望得到别人的认可,孩子也是一样的。因此,改变孩子自私行为的直接办法就是让孩子树立正确的世界观和价值观,帮助他们认识到自私自利是不受人欢迎的,只有友善和分享才能赢得大家的喜欢。

子，什么都随着孩子的话，只会让孩子的这种自私行为更加严重。

孩子产生自私行为的原因有两个：

一是每个人天生都有利己的倾向，大人也一样，只是大人心理发展成熟，有辨别的能力，可以控制自己的利己倾向。但是小孩子的心理发展尚未成熟，他们往往会以自我为中心，固执己见，不能接受公正和正确的意见。孩子衡量外界的标准就是"是否有利于自己"，他们的所作所为都是以自己的利益为前提。

二是由家长在孩子成长过程中错误的教育方式造成的。不少家长对孩子过分溺爱，对孩子有求必应，孩子做错了也不批评教育，而是迁就、忍让，这就使得孩子越发不关注别人的感受，只在乎自己。

当然，三岁左右的孩子由于心理发展的局限性，通常会时刻以自己的需要和兴趣为主，多从自我的角度考虑问题，很少关心、顾及别人，因此，有这种自私行为并不是什么大问题，家长大可不必大惊小怪。但是，这毕竟不是什么好的个性，还是要帮助孩子进行改善。最主要的是，家长切不可再过分宠溺孩子，助长孩子的这种不好的行为了。因为如果孩子一直这样自私不肯和别的小朋友分享的话，那么，孩子的交际行为就会受到影响，没有人会喜欢和自私的小朋友一块儿玩的。所以，为了孩子的将来，还是要培养孩子的分享意识，改正自私自利的性格。

但是，家长也要注意对待孩子自私行为的方式方法，不能简单地要求孩子大方，或者强迫孩子拿出自己心爱的东西与别人分享，这样的方法不仅无济于事，还会引起孩子的反抗心理。

值得注意的是，家长尽量不要用"自私""小气"等字眼儿批评孩子，而是应该让孩子明白其中的道理，帮助孩子慢慢做改变，随着他们的成长以及与外界的不断交流，孩子是会甩掉"自私"的。

○ 家长的娇惯容易让孩子任性

任性，是现在社会孩子的通病，不只是小孩子，就是十几岁的孩子还是会很任性，不听从家长的要求或者建议，总是我行我素，做事情完全按照自己的性子来，如果不能按照自己的意愿，就会一直闹。

面对孩子的任性行为，有的家长无可奈何，直接妥协；有的家长无计可施，干脆不理；有的家长打骂训斥，希望孩子改正……其实，这些做法都是不正确的，只会让孩子产生叛逆心理，更加助长他们的任性行为。

孩子不会一出生就是任性的，而是在后期的生活中逐渐学会的，而家长的过分宽容娇纵无疑是孩子养成任性性格的主要原因。正如心理学上的角色效应一样，如果一直把孩子当作宠儿养的话，孩子就会觉得自己是个宠儿，因此什么事情都必须按照自己希望的那样进行，稍有不如意就会大吵大闹。由此可以看出，孩子的叛逆行为、任性行为有很大一部分是因为家长对孩子的角色定位错误造成的。所以，日常生活中，家长不要一直迁就孩子，对孩子有求必应、毫无原则，这样没有约束的毫无准则的生活方式，一定会造成孩子任性的。

甜甜在家里一直被当作小公主一样对待，爷爷奶奶、爸爸妈妈总是对甜甜有求必应。甜甜想要什么，会立刻给她买；想吃什么，会马上给她做。在家里，没有人会忤逆甜甜的心意，她渐渐变得十分任性。乃至她要喝水时，如果妈妈稍微慢一点儿，甜甜就会哭闹。

眼看甜甜就要上幼儿园了，小朋友个个都是家里的小宝贝，大家怎么可能都依着甜甜呢，老师要照顾每一个小朋友，也没法儿对甜甜进行特殊照顾啊。可是看着甜甜平时在家的任性的样子，妈妈决定先帮甜甜改一下，要不然肯定没有办法好好上幼儿园。

甜甜非常喜欢吃糖。这天，妈妈带着甜甜到商场买东西，甜甜看到糖后就要吃，妈妈说这是别人的不能吃，甜甜就站在那里哭了起来，以前只要她一哭妈妈就会妥协的。可是，妈妈这次并没有想办法给她糖，而是说："现在你长大了，不能这么不听话了，吃糖对牙齿不好，我们不吃糖好不好？"没想到自己哭了，妈妈也没有完成她的心愿，这下甜甜哭得更厉害了，直接躺在地上打滚，妈妈拉都拉不起来。商场里那么多人，妈妈实在看不下去了，就答应给甜甜去买糖，甜甜听后，立刻爬

应对孩子任性的方法

孩子出现任性的行为时,家长不必过于紧张,可以先疏导孩子的情绪,然后采取一定的方法,正确引导孩子的思想和行为。

❶ 及时转移孩子的注意力

孩子的注意力容易分散,容易被新鲜的事物所吸引,家长可以利用这一点,让孩子的注意力转向其他事物,终止孩子的任性行为。

❷ 防患于未然,事先约法三章

依据家长对孩子的了解,在事前就跟孩子约法三章,而且一旦决定了就严格执行,不给孩子耍赖的机会。

起来,高高兴兴地选择自己想要买的糖了。

回到家之后,妈妈就把糖拿出一块给甜甜吃,剩下的藏了起来。甜甜找不到就开始胡闹,还自己翻找,把房间弄得乱七八糟的,找不到就缠着妈妈,妈妈不给她,甜甜竟然动手打妈妈。唉,妈妈看着这样任性的甜甜,实在是没有办法了。

像甜甜这样任性实在有点太过分了，家长就要引起重视了。因为如果不及时纠正孩子的行为，将会影响孩子的将来。

三岁左右的孩子正处于一个叛逆期阶段，出现任性等行为是十分常见的，也是正常的。从另一个角度来说，这也代表孩子有自己独立的意识和见解，是心理健康发展的表现。但是家长不能对孩子的任性听之任之，而是应及时关注孩子的行为，对于比较合理的行为和要求，尽量满足孩子；而对于不合理的要求和过分的行为就应进行适当的引导，但是，要采取正确的方式、方法，尽量避免实施强硬的手段。否则，会助长孩子的叛逆心理，反而于事无益。

三岁左右的孩子已经能理解一些浅显的道理，并有了简单的是非观念。因此，在孩子任性、叛逆的时候，家长可以给孩子讲讲道理，当然要用孩子能够听懂和理解的语言，尽量从正面教育孩子。如果孩子不能理解，则可以设置一定的情境帮助孩子理解，逐步确立孩子的是非观念。

○ 三岁孩子的情绪很多变

三岁左右的孩子已经可以体会到开心、伤心、害怕、抱歉、嫉妒等情绪，但由于受心理、语言水平等限制，孩子对情绪的觉察和应对还处于萌芽阶段。当孩子处于某种情绪，特别是负面情绪的时候，常常不知道该如何应对。此时，孩子可能会采取哭闹、攻击、退缩等方式来表达内心的感受。

孩子因为年龄小的缘故，控制能力差，而且年龄越小，自控能力越差，这是导致孩子情绪不稳定的主要原因之一。另外，家长在教育方法或者教育态度上，不知道该怎样应对情绪多变的孩子，无法给孩子正确的引导，会导致孩子不能及时宣泄或者排解自己的情绪。

朗朗已经两岁半了，爸爸妈妈都很忙，一直是奶奶带着他。妈妈下班之后再跟着妈妈玩，晚上就跟着妈妈睡。由于平时跟奶奶的时间多一些，因此和奶奶的感情很好。

奶奶每天晚上都要去跳广场舞，朗朗就跟着妈妈在家里玩或者在家周围和别的小朋友玩一下。可是，妈妈发现朗朗经常正玩得高兴呢，忽然就会哭起来说："我要找奶奶！"

不只是这样，朗朗最近的情绪总是很多变。妈妈每天哄着他睡觉，给他讲故事或者唱歌，原本气氛很好，朗朗也很安静，可是总会不明原因地哭起来，有时是想找奶奶，有时是想起什么东西坏了，有时妈妈讲的故事里有他认为不好的情节也会哭。前一阵子，妈妈讲的是大灰狼的故事，说小白兔把大灰狼的尾巴夹住了，朗朗就忽然哭了起来，说大灰狼会疼，妈妈只好停下来，先哄好朗朗。

有时，家里来了小朋友找朗朗玩，他就会非常开心，两个小朋友玩着玩具或者游戏，总是在哈哈大笑，可是，过不了一会儿，就会听到哭声，两个人竟然打起架了。妈妈赶紧过去安

帮助孩子保持稳定的情绪

小孩子的情绪总是起伏很大,家长可以尽量排除一些可能会导致孩子情绪不稳定的因素,避免孩子情绪多变。

1. 以身作则,为孩子创设一个和谐的家庭氛围

孩子的情绪易受周围环境的影响,良好的家庭环境有利于孩子拥有较稳定的情绪。

2. 接纳孩子的情绪,指导他改正不恰当的行为

在孩子情绪爆发时,家长应该接纳孩子的情绪,首先让孩子平静下来,这样,孩子的情绪才能得到缓解,不良行为才能得到矫正。

> 接纳孩子的情绪,理解孩子的想法,才有利于平息孩子不稳定的情绪,才能继续指导孩子认识和改正自身不恰当的行为。

慰他们,被妈妈拿来的玩具吸引住的朗朗破涕为笑,又开心地玩起来。

虽然是个男孩子,但是妈妈感觉朗朗非常多愁善感,经

常心情低落,这时如果不小心惹到他,他就会恼怒不已。和朗朗在一块儿,妈妈非常注意自己的言行,就怕朗朗忽然就"变脸"。

有些家长面对孩子忽然不明缘由的哭闹或者不高兴时,总是会想方设法让孩子开心起来,似乎孩子一直笑才可以。有的家长看到孩子哭闹就心烦,因此可能会采取强硬的态度阻止孩子哭闹。

而孩子十分单纯,也不会隐藏,有什么情绪就会表现什么情绪。因此,看上去孩子的情绪总是非常多变。就像例子中的朗朗一样,玩着玩着想起奶奶了,可能就会因为见不到奶奶而感到难过,就会哭起来。但是,如果换成大人的话,可能只是在心里想一下,并不会表现出来。

面对孩子的这些情绪变化,家长不要一味地进行阻止,这个时候不妨让孩子尽情发泄这些不良情绪,这样才有利于孩子的身心健康。

○ 孩子变得焦躁、爱哭闹

三岁左右的孩子已经具有很强的自我意识,他们认为哭闹可以左右一些事情,比如可以让家长买自己喜欢的玩具或者零食,哭闹成了孩子实现自我需求的一种手段。哭闹,是孩子最为常见的一种行为。可以说,孩子的成长都是由哭声陪伴的。

三岁的孩子有一项重要的任务，那就是他们不但要构建内在的秩序，而且还要维护这种秩序。在这个时期，如果外界的环境、设置、安排与他们内在的秩序不一致，他们就会变得焦躁，而对于没有丰富经验的孩子来说，他们的情绪控制能力还很弱，一旦感到不满，就会毫不掩饰地表现出来。而孩子在进行自我释放的过程中，难免会将其转移到某些事物上，通常会以叫嚷、哭闹的方式宣泄出来。这个时候，家长如果没有耐心，就会认为孩子是在无理取闹，是孩子叛逆的表现，就会去制止孩子，进而导致孩子一系列的反抗行为。

齐齐已经上幼儿园了，妈妈以为孩子上了幼儿园可以跟着老师养成懂礼貌等习惯，应该会变得越来越听话，可是事与愿违，齐齐反而更加难管教了。他总是不听妈妈的话，妈妈让他干什么，只要不符合他的意愿，他就会冲着妈妈大声叫嚷，要不就会大哭大闹反抗，做事情一点儿耐心也没有，有时玩着玩着就跟玩具较起劲来，把玩具摔在地上，还会踩上几脚。

齐齐特别喜欢玩滑梯，妈妈就买了一套小滑梯安在齐齐的玩具房里，齐齐经常会自己在玩具房里玩滑梯。

夏天，齐齐光着脚可以很容易地从滑梯下端逆着爬上去，就不用绕到滑梯后面从小台阶上去了。

可是天气转凉了，妈妈就给齐齐穿上了袜子，这样，齐齐就不能很快地爬到滑梯上了。这下可把齐齐气坏了，他一遍一遍地努力往上爬，一直都失败。尝试了很多次后，齐齐没有耐心了，开始发脾气，冲着一边的妈妈大声叫嚷："我爬不上去！我今天怎么爬不上去了？"说着说着就大哭起来，非要让妈妈把他抱上去。妈妈让他自己转到后面从小台阶上去，齐齐摇头大哭，一边哭一边说："我就要从这里上去！你把我抱上去！"看着哭成泪人的齐齐，妈妈真的是一点儿办法也没有。

孩子哭闹是有原因的，家长应该先找到孩子哭闹的原因，有时是比较容易看出来的，比如生病、被欺负、受伤等，有时却是比较隐性的，比如是被家长忽视了或者被误解了，等等。孩子偶尔哭几声发泄一下情绪是无可厚非的，任何人都有需要发泄情绪的时候，家长不要一看到孩子在哭就训斥孩子。

但是，如果孩子动不动就哭，并且认为哭是一种控制家长的手段，以此来达到自己的需求的话，这就需要家长及时教育孩子，让孩子知道哭闹并不能改变什么。

那么，具体要用什么样的态度来对待孩子的焦虑和哭闹呢？家长首先要能够体谅孩子，尽量不要以暴制暴，可以时常在心里提醒、暗示自己：孩子并不是有意惹人生气的。其次，家长要弄清楚孩子出现这种行为的原因，特别是这个阶段的孩子年龄小，还不能很好地消化自己的不良情绪，需要家长鼓励孩子把这些不满或者是不好的情绪讲出来。当然，最重要的一点，就是家长要多关注孩子，关心孩子，给予孩子更多的理解和爱护。

孩子哭闹的隐性原因

1 被忽视了

孩子都有一种渴望被重视的心理，如果家长没有关注孩子，让他们感觉自己被忽视了，他们就会用哭来吸引大人的注意力。

2 被误解了

比如孩子感到委屈想要得到安慰，就会把手指往嘴里放，家长以为是饿了就给他吃东西，孩子不想吃东西，就会又哭又闹。

3 孩子有抵触情绪

如果孩子对某件事情有不愿意或者畏惧的情绪，家长却坚持让他做的话，孩子就会哭闹。

4 不耐烦

孩子喜欢新奇的事物，耐心有限，做一件事情或待在一个地方时间一长，孩子就会失去耐性，变得焦躁，就会哭闹。

第三章
关注孩子的心灵成长

○ **孩子发出了独立的信号——"自己来"**

三岁左右是孩子的第一个叛逆期,也是孩子自我意识迅速增强的表现。在此之前,孩子的自我意识还不成熟,他们时常把自己和周围的事物混为一体。随着语言和运动能力的发展,孩子与周围环境的接触越来越多,自我意识便逐渐形成了。于是,孩子就学会了使用"我""我的""我自己来"这些词语来表达自己的愿望和要求,他们喜欢按照自己的方式去行动。

如果孩子已经表达了自己的意愿,而家长忽视了,比如孩子想要自己做一件事,家长却担心孩子太小做不好,替孩子做了,孩子就会用大喊大叫、哭闹等方式来表达自己的不满。其实,孩子要求"自己来",是在用他们的方式向大人宣布:我独立了!如果家长能够把这个当作孩子长大的信号,给孩子做事的机会,不去触犯孩子的底线,那么,不但有利于孩子"自我"的进一步建构,还有利于孩子各项能力的发展。

迪迪刚两岁半,但是已经像个小大人一样了,说话也有模

帮助孩子发展独立能力

孩子在三岁左右的时候，已经有了独立的意识，这个时期，孩子可以自己做的事情就让孩子去做，家长可以因势利导，帮助孩子增强自理能力，发展其独立能力。

1 耐心教会孩子做事的技能

孩子由于年龄小，很多事情想要自己做却做不好，这时，家长要耐心指导，做好示范，教会孩子做事的一些基本技能。

2 给孩子安全的独立做事的机会

孩子做事时难免会有许多不周全的地方，家长应该尽量为孩子提供一个安全的环境，让孩子独立做事，增强自信心。

3 提醒孩子做事应持之以恒

小孩子做事总是一时兴起，缺乏稳定性，家长想要孩子能够养成自己的事情自己做的习惯，就要不断提醒孩子，让其持之以恒。

有样的，做事更是要"亲力亲为"，不管自己会不会，都要自己来做。

由于迪迪很喜欢吹唢呐、口琴之类的东西，妈妈就给他买了一个口琴，因为是嘴接触的东西，就怕不卫生，因此每次迪迪玩完，妈妈就会把口琴装到配套的小盒子里，所以每次要玩的时候都要打开盒子取出来。以前都是迪迪说要玩，妈妈就帮他取出来，可是现在，迪迪都要自己打开，自己拿出来。

这天，迪迪又要玩口琴，妈妈没有多想就直接拿出来给他了，结果迪迪不接口琴，还生气地对妈妈说："放回去，你快放回去！我要自己拿出来！"妈妈说："你直接玩就行了。"可是迪迪不依不饶，非让妈妈放回去，自己又费劲地打开盒子拿出来，这才开心地玩了起来。

不只是玩具，吃饭的时候，迪迪也要自己拿着小筷子夹菜吃；看到妈妈洗衣服就要自己洗自己的衣服；他下楼梯很慢，妈妈有时赶时间就抱他下楼，他不会老实地让妈妈抱，非要自己下去；买东西的时候要他拿着钱给别人才行……妈妈感觉迪迪变得可拧了，做不好的事情也非要自己做，爸爸妈妈一帮忙他就会生气，不是哭就是闹的。

其实，在孩子会走路会说话以后，自我意识就会开始萌发，这时就会表现出一定的独立意识和愿望，凡事都希望自己来做。孩子这个时期有这样的表现是十分正常的，也是孩子迈向独立的第一步。如果孩子的这种独立意识能够得到健康发展，孩子对家长的依赖心理就会减少，这对孩子将来也是十分有利的，可以让孩子在将来更加善于独立思考、果断办事。

也许许多家长已经习惯了帮孩子做好所有的事情，让孩子按照自己的意愿去做事，所以这个时期由于孩子要求自己做，会让家长觉得孩子"不听话"了，就像例子中迪迪的妈妈一样，觉得是孩子变拧了。孩子的这个时期，在心理学上被称为孩子成长发展过程中的转折期，也称为"反抗期"。然而，家长无意识地限制孩子独立的行为，是孩子反抗的一个重要原因。

从心理学发展角度来说，孩子要求"自己来"，标志着孩子的自我意识和独立意识已经萌芽并在逐步增强。从教育的角度来说，这对孩子的自理能力以及自信心的增强十分有益。因此，家长应该保护好孩子的这种想要"自己来"的愿望，让孩子更好地成长。

○ 喜欢自言自语正常吗

当今社会，孩子的成长总是格外牵动家长的心。家长也总是观察孩子的一言一行，生怕孩子在哪一方面有什么问题会影响孩子健康成长。

从孩子两三岁开始，有些家长就会发现自己的孩子经常自己和自己说话，就跟旁边有个人和他对话一样，有时又像是在讲故事一样。由于孩子的声音并不是很大，家长可能没有办法听清楚孩子说了什么,但是非常确定孩子不是在唱歌或者背诗,真的是在"聊天"!

于是许多家长就会很紧张,怕是孩子的心理方面出了什么问题。

莉莉快三岁了,平常很爱动,也很喜欢说话,和妈妈在一起的时候,小嘴总是停不下来,一直在说,有时一些话总是翻来覆去地说。妈妈总是说莉莉像个小鸟一样叽叽喳喳说个没完没了。

自从莉莉上幼儿园之后,妈妈就发现莉莉经常自己一个人在说话。一开始,她以为是莉莉在和自己的玩具说话呢,妈妈也就没有上心。

有一次,莉莉躺在沙发上,又在自己和自己说话!妈妈在一边拖地,可是莉莉说话的声音很小,妈妈也听不清莉莉在说什么,就放下拖布,走到莉莉身边,想看看莉莉是不是在和她的布娃娃说话。可是妈妈一走到莉莉身边,莉莉就不说了。而妈妈看看沙发上,除了莉莉之外,什么都没有,一个布娃娃也没有!

妈妈笑着问莉莉:"你刚才嘀嘀咕咕地在说什么呢?"莉莉摇摇头说:"我什么也没说啊。"妈妈说:"那你和妈妈来聊天,好不好?"莉莉却说自己想看电视了,接着就打开电视看了,而没有和妈妈聊天。

后来,妈妈又观察了很久,发现莉莉就是非常喜欢和自己说话,这下妈妈非常确定莉莉是在自言自语了。妈妈非常担心,怕莉莉得了什么病,或者是心理上出现了什么事情才让她这样的,因为莉莉平常总是一个人玩,爸爸妈妈都很忙。

看到孩子出现自言自语的情况时,许多家长都会有莉莉的妈妈这样的担心,怕孩子是因为孤单等原因造成了心理问题。其实家长完全没有必要有这样的担心,心理学家研究表明,三岁左右正是孩子语言发展从外部语言过渡到内部语言的关键时期,自言自语只是孩子把自己内心思考的东西用语言表达出来了。之所以孩子要把心里想的用语言进行表达,而不是像大人一样沉默思考,是因为孩子在这个时期思维能力正在飞速地发展,但是还没有成熟,因此,孩子需要用具体的语言来帮助自己进行思考,然后再慢慢厘清思路。

所以,当发现孩子自言自语的时候,家长放心地让孩子畅所欲言就可以了,这说明孩子正在思考呢,而且孩子这样的自言自语对他们的成长还有一定的好处。因为孩子在自己进行说话的时候可以放松身心,语言充满感情色彩,可以充分地表达、宣泄自己的思想、情感,这样对孩子的情绪稳定有一定的帮助。另外,孩子在自言自语的时候能够做到注意力集中,这样十分有利于孩子的学习能力和认知水平的提高。

正确面对孩子的自言自语

自言自语是孩子在社会经验积累的体现,那些已经上了幼儿园或者经常和小伙伴玩耍的孩子,自言自语的现象会更多,那么,面对孩子的这种行为,家长应该怎么做呢?

 多给孩子一些提示,丰富孩子的语言和知识

孩子在自言自语时,家长要注意倾听,了解孩子的发展状况,可以多用语言给孩子一些提示,教给孩子更多的语言表达方式以及其他知识。

2 进行亲子游戏,和孩子一起想象

孩子有时会给自己定义一种角色,然后根据角色开始自言自语。这时,家长可以由此进行亲子游戏,训练孩子的表达能力和想象能力。

孩子自言自语也说明孩子缺乏交流,因此,家长要多带孩子出去走走,多接触外界,引导孩子和同龄小朋友交往,开阔孩子的视野,养成孩子活泼开朗的性格。

○ 孩子到了喜欢说"不"的时期

三岁左右的孩子,个人意志进一步发展,他们开始有意识地用抗拒和拒绝别人的方式练习使用自己的意志。例如,用说"不"来显示自己的强大。他们开始动不动就说"不",不管是对家长还是其他小朋友,总是习惯性地说"不"。

小爽三岁了,却越发让妈妈头疼了,说什么也不听,让她干什么她也不干,一张嘴就是"我不""不要"这样的话。

早上小爽醒了之后,妈妈给她穿衣服,小爽胳膊往后一缩说:"我不穿衣服,我不想穿衣服。"妈妈还要上班呢,就说要穿衣服起来洗脸,洗干净了脸就可以吃饭了,小爽才不情愿地穿上衣服。可是,小爽到了卫生间又闹着不洗脸,妈妈给她接上水,把脸盆放在她能够得着的高度,让她自己洗脸。小爽却说:"我不自己洗脸。"妈妈给她洗,小爽又把头扭到一边说:"我不洗!"

到了吃饭的时候,妈妈给小爽夹菜吃,小爽赶紧护住自己的碗说:"我不吃这个。"妈妈让她喝粥,她也说:"我不喝粥。"其实,一会儿她就会喝粥了,只是无论让她干什么,嘴上总是会说"不"。一个早晨都没有顺利完成的事情,总是伴随着各种各样的"不要""不想"。

就连去幼儿园的路上,小爽也是一直在对妈妈说:"妈妈,我不要去幼儿园。"可是到了幼儿园门口,看到熟悉的小伙伴们之后,小爽就马上飞快地跑向他们。妈妈说:"小爽,和妈妈再见。"小爽一边往幼儿园跑,一边说"不要"。

几乎每一个孩子在两岁之前都会比较听话,但是到两岁之后,特别是到了三岁左右,孩子就会一直说"不",那么,孩子究竟是为什么老是这样说呢?

其实,这跟孩子的心理发展阶段有关系。孩子到了两三岁的时候,基本已经可以用简单的语言表达自己的想法了,有的还学会了唱歌、背诗,等等,随着孩子与外界的不断接触,他们能够感受和理解的世界就变大了,各方面知识不断增多,孩子逐渐认识到了"自我"的存在,于是孩子开始强烈地要求独立,事情要自己去做,东西要自己去拿,努力建构自己能够主宰的领域。然而,家长已经习惯了那个什么时候都听话的乖宝宝,也习惯了什么事情都替孩子安排好,因此孩子就会不断进行反抗,表明自己的想法。

其实三岁左右的孩子反抗家长,无外乎就是希望自己的行为得到家长的认同,指望自己对这个世界的探索能够不受到限制和干涉,能够充分地发展自我。因此,面对孩子说"不",家长要摆正心态并且尊重孩子,要考虑一下孩子这样说的原因是什么,而不是一味地呵斥孩子。

孩子说"不"表明孩子有了一定的自我主张,这并不是什

孩子总说"不",家长如何应对

1 让孩子二选一

孩子说"不"时,妈妈不必过于坚持自己的想法,可以拿出没有对错之分的两种意见让孩子选择,这样,孩子就会感觉自己能做主了。

2 家长避免说"不"

孩子总是习惯性地模仿家长的行为和语言,因此,家长在说"不"的时候可以用其他语言代替。

> 家长不要一听到孩子说"不",就认为孩子不听话,马上就训斥孩子或加重语气,这样只会适得其反,而是要冷静、理智面对。

么坏事。但是如果家长处理不好,可能会对孩子的成长产生不利的影响。如果家长能够突破传统,抓住培养孩子各方面能力的机会,引导孩子走向独立,就能促进孩子形成良好的个性。在孩子说"不"的时候,要多从孩子的角度来看待问题,对孩子的某种行为给予适当的赞成和鼓励,发展孩子各方面的能力,用无限的耐心帮助孩子平稳度过这一特殊时期。

○ 喜欢故意说脏话、坏话

许多孩子会故意说一些脏话，说的时候还笑嘻嘻的，似乎在说什么有趣的话，而不是不礼貌的话语。而家长就会很生气，总是会厉声制止孩子的这种行为，可是孩子还是会笑嘻嘻地说，越不让他们说，他们越说得起劲。

由于孩子年龄小，他们总是会模仿身边的人，听到别人说脏话后，他们就跟着学，可是他们还不能理解这些脏话的意思，也不会意识到自己说的话不文明。而当他们在说这些话的时候，一些长辈或是哄堂大笑，或是厉声制止，这会让孩子产生一种错误的认识，认为自己所说的话十分有意思、很好玩，因此，为了引起他人的注意，孩子就会故意说这些脏话、坏话。所以，就出现了"越不让他说，他越说"的这种现象。

然然说话比较早，发音也比较清楚，还不到两岁就已经很会表达自己的意思了。出去玩的时候小嘴也甜甜的，见到人不管认识不认识就喊爷爷奶奶、叔叔阿姨的，大家都非常喜欢逗他玩。

如今然然快要三岁了，妈妈却烦恼不已，因为然然不知道从哪里学来的，总是动不动就说脏话、坏话，有时直接就是骂人的话。然然每天出去玩的时候，只要看到他三奶奶坐在一边，就会跑过去对着三奶奶说："三奶奶，我踢你。"他三奶奶就会装作生气的样子训斥他，然然就会咯咯地笑。

有一次，爸爸给然然买回来一个很大的奥特曼，然然可高兴了。看到奥特曼居然脱口而出："该死的，这么大啊！"爸爸妈妈一愣，他们没想到然然竟然说出这样的话。爸爸生气地说："然然，怎么说话呢？再这样说爸爸就不把奥特曼给你了。"然然噘着小嘴说："不给我就是大坏蛋、大骗子，我就骂你！"这下爸爸真的生气了，伸手打了一下然然的屁股。然然大哭起来，跑到妈妈身边说："妈妈，爸爸打我，你让他滚开。"妈妈也觉得然然不对，说道："然然，不能这样说你爸爸，这些是不礼貌的说法。"

然然的爸爸妈妈平时从来不说脏话，更不会骂人，听到然然张口就说出这样的话，感到十分吃惊，却又不知道怎样才能帮然然改正。

许多孩子跟然然一样，小小年纪就学会了说这些不文明的话，家长对此进行严厉管教，可是打骂并不能真正地解决问题。因为这么小的孩子还不能完全理解这些脏话的全部含义，他们可能只是出于好奇才这样说。因为只要他们一说，别人的反应就会很大，孩子就会觉得非常新奇。

当然，说脏话是不对的，如果家长不加以管教的话，会让孩子养成说脏话的习惯，长大之后更加不好改。但是，家长也要讲

改正孩子说脏话的方法

两三岁的孩子辨别能力比较差,总是分不清好坏就直接模仿别人的行为和语言。但是对于一些不好的行为,家长一定要趁早帮助孩子改正,避免越大越难改。

1 隔离法

孩子容易受到环境的影响,如果周围的人有说脏话的习惯,孩子就会学习,因此可以让孩子远离不良的语言环境,听不到、学不到脏话,孩子也就不会说了。

2 忽略法

对于孩子说脏话,家长不要过分反应,适当忽略,孩子觉得没有意思,就不会再说了。

3 代替法

教孩子使用礼貌用语,让孩子了解到即使是生气的时候也不应该用不礼貌的语言来表达。

让孩子不说脏话,少了这一不良行为,相信在第一叛逆期内孩子会更受别人的欢迎。

究方式方法，要采取有效的措施来制止孩子的不文明用语。三岁的孩子已经可以理解一些浅显的道理，能分辨简单的是非曲直，所以，家长可以和孩子讲道理，当然一定要用孩子能够听得懂的语言，告诉孩子说脏话是一种不文明的行为，大家都不喜欢说脏话的孩子，这样孩子慢慢就会理解和接受的。

○ 孩子做事一般都缺乏耐心

孩子在两三岁的时候，开始对一些他们感到新鲜、好奇的事物进行探索，有时会动手去实践。但是许多家长会发现，这个年龄段的孩子对什么事情都是三分钟的热度，在活动中总是缺乏耐心，刚开始的时候很兴奋、跃跃欲试，但是过不了多久，他们就会失去耐心，放弃继续探索。

这个年龄段的孩子还没有办法长时间地集中注意力，这就造成了孩子没有耐心的状况。每个年龄段的孩子，集中注意力的时间的长短是不同的。在孩子三岁左右，一般只能保持约10分钟的注意力。如果孩子连这样的时间段都达不到，说明孩子做事情的时候经常被人打断，打断的次数过多，孩子的注意力也就不能持续较长的时间。

香香是个典型的急脾气，无论做什么都必须立刻就做，还要马上就能做好才行，只要让她稍微等一下，香香就会发脾气。

香香自己做事的话，只有三分钟热度，往往一会儿就会被其他事物吸引,马上就会扔下手中的东西。

香香现在快三岁了,妈妈想让香香学着自己做一些事情,比如穿鞋子。香香的鞋子是不用系鞋带的,都是魔术贴,穿上之后粘住就可以了,所以妈妈觉得香香完全可以学会自己穿鞋。可是,妈妈教了很多遍,香香就是学不会。每次妈妈教的时候,香香总是没有办法顺利地把脚放进鞋里,然后她就会气得把鞋一摔,跑开玩别的去了。

就是玩儿,香香也是刚玩一下这个,马上就去玩那个了。有一天晚上吃完饭,香香说要玩滑梯,妈妈就带着香香到玩具房里玩,由于天气太热,妈妈就打开了空调,可是房间的温度还没有降下来呢,香香就不想玩了。她跑到卧室里,拿出故事书,让妈妈给她讲故事。妈妈坐下来,还没有讲多少,香香就一直问妈妈是不是这样,是不是那样,根本没有耐心听妈妈一句一句地讲。香香还没有听完一个故事,就跑到一边,骑着扭扭车在客厅玩了起来。

没有耐心似乎是这个年龄段孩子的通病,而家长总是认为孩子还小,对孩子并没有过多的引导。孩子年龄小,稳定性差,注意力不集中,做事情时容易被新鲜、有趣的事物所吸引,这是两三岁孩子的普遍特点。每一位家长都希望孩子有耐心,首先,要帮助孩子排除各种可能导致孩子失去耐心的因素,让孩子能够全神贯注地做事情。然后,在孩子专心做一件事情的时

如何让孩子变得有耐心

平常,在孩子哭闹的时候,家长不要总是用转移注意力的方式去安抚他,否则容易影响孩子的注意力。

当孩子专心地在做一件事情的时候,家长尽量不要打扰到孩子,玩具、电视、零食等容易分散孩子注意力都要尽量远离孩子。

孩子在对某一件物品或事物表现出浓厚兴趣的时候,家长要适时引导、鼓励孩子坚持下去。

只要家长适当地引导,帮助孩子从日常的小事开始逐渐锻炼,久而久之,孩子就会变得有耐心。

候,家长要注意自己的言行举止,最好与孩子能够形成良好的互动,或者坐下来做一些比较安静的事情,一定要注意不要随意地去干扰孩子。

另外,在日常的一些琐碎的事情上,不要孩子说什么就立刻去做,而是要延迟满足孩子的愿望,以此锻炼孩子的耐心。比如孩子想要吃冰激凌,可是孩子刚刚才喝完一杯热水,家长就可以对孩子说:"你刚喝完热水,小肚子已经鼓鼓的了,过一个小时再给你吃冰激凌,妈妈一定保证。好吗?"当一个小时之后,家长一定要遵守诺言,不能糊弄孩子。

两三岁的孩子已经能听懂一些道理,如果说让他们"等一等",孩子是可以理解这个词语的含义的。所以,在孩子缺乏耐心的时候,家长可以有意识地多让孩子体验这种延迟满足,把延迟满足的时间从几分钟延长到一两天甚至更长。慢慢地,孩子就学会了等待,耐心就会慢慢形成,这样,孩子在做事的时候也就能够运用自己的耐心了。

○ 喜欢与大人对着干很正常

在孩子三岁左右,家长会发现家里突然多了一个喜欢和家长对着干的小人儿,他挺着小胸脯、噘着小嘴巴,每次都大声地说着"不",倔强地站在那里,坚持着自己想干而家长不让他干的事。有时,大人只要有一丁点儿的干涉就会被他认为是侵犯。有时候,孩子还会踢人、打人,只为了维护自己的"权利"。

这个时期的孩子就像是家里的小小"造反派",各种"恶劣"行径数不胜数,家长面对这种状况,总是忍了又忍,最后失去了耐心,对着孩子大吼大叫。孩子不会轻易就"投降",总是不屈不挠,进行"顽强"抵抗。这种状况,似乎每天都在上演,还不止一幕。

平平最近越来越不听话了,不让他干什么他就偏要干,经常惹得家长生气,对他进行训斥,可是平平一点儿也不会收敛,反而变本加厉,让家长头疼不已。

虽然已经三岁了,可是平平还是动不动就跪在地上玩,妈妈让他站起来,他就跟没有听见一样,继续跪在地上玩着玩具车。妈妈过去把他的玩具车拿走,看到车被拿走了,平平也知道这是自己没有听话的惩罚,就撇撇嘴,但是还是没有要起来的意思,甚至干脆一屁股坐在地上,开始玩别的玩具。由于平平总是爱把玩具扔得满地都是,坐在地上捡起玩具来倒是也方便。妈妈看着赖在地上不起来的平平,生气地把他强行拽起来,可是平平的两条腿一缩,根本就不往地上站。妈妈也不能一直拽着他,害怕拽伤他的胳膊,只好再放下,这样,平平就又坐在地上了。

不只是这一件事情,夏天平平可能觉得太热,总是喜欢喝凉水。妈妈告诉他喝凉水会肚子疼,每次都给他倒的温开水,可是平平经常偷偷地自己接饮水机的凉水喝。

有一次,妈妈在客厅里,平平怕妈妈看到,就自己拿着杯

引导孩子顺利度过反抗期

不让孩子做的事情,他偏要做,这时家长就不要硬性要求了,一味地干涉只能引起孩子更加强烈的反抗。家长不妨试试下面的方法:

1 满足孩子的要求,让他尽情探索

三岁的孩子拥有丰富的想象力和强烈的好奇心,坚持自己做事情是他急于探索事物的表现。对此,家长可以在保证安全的前提下,适当满足孩子的要求,鼓励他尽情探索。

2 让孩子亲身体验一下接触某些危险物品的结果

很多潜在的危险孩子并不知道,而好奇心又驱使他们进行尝试。这时,家长可以让孩子接触一下危险物品,有了亲身感受,孩子就不会随意碰触了。

子跑到厨房里,妈妈听到有水声,进去一看,平平竟然用杯子接自来水喝!妈妈不让平平喝,他就又哭又闹的。

每天,妈妈都说烦了,可是平平还是和妈妈对着干,有时妈妈忍不住了就揍他,可是平平哭完,还是继续对抗。

像平平这个年龄段的孩子,几乎都是这样一直在反抗着家长，这是什么原因呢？其实，三岁左右的孩子身体活动能力已经比较强了，他们在好奇心的驱使下，总是希望自己能独立进行一些新的体验，如果这个时候遭到阻碍的话，孩子就会无畏地进行反抗。

另外一个原因就是孩子自我意识的发展，三岁的孩子已经清楚地知道哪些是"我"想要的、想做的。他们会强烈地表达自己的意志，而这些往往会和家长的规范相违背，这样，孩子就会体会到巨大的挫败感，继而产生反抗行为。

当然，三岁孩子的心智发育还不成熟，情绪控制能力也比较弱。在这个时期，如果孩子的内心需求没有得到满足，他们往往就会用很直接的方式表达出来，比如哭闹或者打人等攻击行为。

对此，家长不必过于烦恼，三岁左右的孩子都会出现半年到一年的"反抗期"。在这个时期，孩子总是会和大人对着干，这是儿童心理发展的一个必经阶段。家长不要认为这是孩子在挑战家长的权威，其实这只是因为孩子的自我意识在发展，试图用反抗来证明自我。一方面，孩子是想引起别人的关注；另一方面，是孩子的控制能力差，越是家长不让做的事情，孩子越控制不住地想去做。所以，家长不要一味埋怨孩子不听话，而是应该理解孩子、尊重孩子，然后加以巧妙地引导，事情才会顺利解决。

第四章
三岁孩子的交际圈

○ 三岁孩子有点分离焦虑

许多家长都会遇到这样的情况:在送孩子上幼儿园的时候,孩子总是哭闹,不是吵着要回家不去幼儿园,就是非让妈妈和自己一起去幼儿园。这是孩子在这个时期产生的分离焦虑。什么是焦虑呢?焦虑是指缺乏明显客观原因的内心不安或者无根据的恐惧,是人们遇到某些事情,如挑战、困难等出现的一种正常的情绪反应。有了焦虑,人除了会产生担忧、紧张、不安、恐惧等情绪体验之外,还会伴有明显的生理变化,如血液内肾上腺素浓度增加、心悸、血压升高、呼吸加深加快,等等。所以说,焦虑情绪对人的身体是有危害的,对于还不会调节自己情绪的孩子来说,危害会更大更深。

孩子要面临的最早的分离焦虑是来自与妈妈等养育者的分离。所谓分离焦虑,就是孩子离开家长或者亲密的照顾者时所出现的负面情绪,如紧张、不安、沮丧、闷闷不乐,或者特别黏人、爱哭、固执,等等。孩子之所以会出现这样的情绪,就是希望照顾者能留在身边,或者自己能够留在熟悉的环境中。

小云云三岁了,已经开始上幼儿园了。妈妈原本以为云云在幼儿园会认识很多小朋友,有了小朋友和她一起玩,云云一定非常高兴。可是,事情并不是妈妈预想的那样,反而每天早晨送云云去幼儿园就像是打仗一样累。

刚开始送云云去幼儿园的时候,云云路上还很兴奋,可是到了幼儿园门口就不那么顺利了。云云想去幼儿园,但必须让妈妈抱着进去,老师要抱她,云云就开始哭。没办法,妈妈只好把云云抱到教室里,可是云云还是不让妈妈离开,只要妈妈一走,云云就哭着去追妈妈,怎么也不要自己一个人在幼儿园。

每天,妈妈都要趁着云云和别的小朋友玩的时候,自己偷偷离开。可是幼儿园的老师说,每次云云找不到妈妈之后,都会哭很久,哭累了才停下。现在,一听到妈妈说要去幼儿园,云云就会躲起来不去。

在家里的时候,云云总是黏着妈妈,妈妈觉得云云比小时候更加黏人了,更加不听话了。

一般来说,孩子在两岁之后对家长的依赖程度会有所降低,但是到了上幼儿园的时候,就会因为环境的改变引发一次分离焦虑,就像例子中的云云一样,变得更加黏人,不愿意去幼儿园。其实,上幼儿园对孩子的影响很大,因为对孩子来说,这是他们第一次进入一个全新的环境去生活,孩子选择拒绝和逃避也是一

巧妙地帮孩子减少焦虑

第一,孩子哭闹的时候,家长脸上不要流露出痛苦、同情、可怜的表情,更不要上前去安慰或者责怪孩子。

第二,果断离开。在送孩子上幼儿园或者自己上班的时候,家长要果断离开孩子,或者把孩子的注意力引到别的地方去。

第三,鼓励孩子交朋友。如果孩子有熟悉的朋友,当家长离开的时候,就可以让孩子跟朋友一起玩。孩子的感情有了寄托,也就有了安全感。

对于上幼儿园的孩子,家长可以鼓励孩子和小伙伴玩耍,慢慢探索新环境,当孩子消除了对环境的陌生感,分离焦虑自然就减少了。

种自我保护。

可是，每一个孩子必定都会经历这一个时期，只有这样，孩子才会更加独立地生活，才能结交更多的朋友，开始自己的"社会生活"。那么，家长要怎样做才不至于让因为分离而产生的焦虑伤害到孩子呢？

面对分离，家长首先要淡定，不能给孩子造成"分离很难过"的感觉。在送孩子去幼儿园的时候，家长越是表现出对孩子的不舍，越会让孩子感觉到上幼儿园是一件可怕的事情，孩子就会越排斥。这样，孩子对陌生环境的警惕性就会提高，稍微有一点儿不适应，孩子的敌对情绪就形成了，导致孩子下次去幼儿园时就会哭闹和反抗。

但是，家长不能因为孩子的哭闹和反抗就不送孩子去幼儿园了。要帮助孩子克服自身的畏难情绪，而走入幼儿园这个集体，是一个很重要的过程，可以为孩子适应社会打下基础。

○ 孩子变得不愿意叫人、不懂礼貌

孩子一岁多刚会说话的时候，小嘴总是特别甜，见到人就会打招呼，家长让他叫什么，他就叫什么。这个时期的孩子特别招人喜欢，十分乖巧懂事。

随着年龄的增长，孩子反而变得越来越不懂礼貌了，不但不叫人了，有时还会和别的小朋友抢东西。

这是因为三岁左右的孩子正处于第一个叛逆期内，孩子通过不再叫人、不再打招呼等方式来反抗家长。这样的表现其实是孩子在保护自我，这样的做法使得孩子感觉自己更加独立自主。

另一方面，这个年龄段的孩子正处于自我意识形成、发展的初期，他们以自我为中心，很少关注外界的事物。所以，他们并不理解礼貌的重要性，更多的是关注自己，也希望别人关注自己。可是如果别人来家里做客，家里人就会对客人热情，反而"冷落"了孩子，孩子就会把客人当作敌人，自然比较抗拒。

小海已经上幼儿园小班了。在幼儿园，老师会教给孩子许多礼貌用语，小朋友们逐渐变得十分有礼貌。可是，小海却没有任何改变，还是和在家里的时候一样，从来不主动跟别人打招呼，也没有使用过"谢谢""对不起"等礼貌用语。在幼儿园吃饭或者做游戏的时候，小海即使妨碍到别人，也不会道歉。

有时，妈妈带小海到别人家去做客。在别人家里，小海就像是在自己家里一样，一点儿礼貌也没有，他会随便翻看人家的抽屉，看到喜欢的东西就要带回家。而且他不会老老实实地坐在一个地方，不是跳到沙发上就是钻到桌子下，弄得妈妈也没法好好和别人聊天，而且这种行为让妈妈觉得很没面子。

如果有客人到自己家里来做客，小海就更加没有礼貌了。什么东西他都不让客人碰，妈妈给客人倒杯水，小海也闹着不让给客人喝水。要是来做客的小朋友拿了他的玩具，小海就会立刻跑过去抢过来，小朋友拿什么，小海就抢什么。爸爸妈妈觉得不好意思，就会训斥他几句，小海往往会哭个没完，弄得爸爸妈妈不知所措。

讲礼貌能够融洽人与人之间的关系，对于小孩子来说，就是能够让孩子与小朋友好好相处。两三岁的孩子可塑性非常强，在以后的生活、学习中会发生很大的变化。所以，在孩子的礼貌问题上，家长不必过于担忧，也不必对孩子提出硬性要求，而是应以尊重孩子为前提，不要给孩子过多的压力。许多人并不在意孩子是否叫自己，反而是家长硬让孩子叫，孩子却偏不叫，结果让场面十分尴尬。

当然，懂礼貌的孩子人人都喜欢。那么，怎么教孩子懂礼貌呢？非常重要的一点就是家长首先要做到有礼貌。三岁左右的孩子，他们的思维还处于直观行为思维和具体形象思维之中，如果只是和孩子说要讲礼貌，孩子并不能理解。只有教孩子具体怎么做，将礼貌培养成习惯，才能让孩子成为懂礼貌的人。

家长是孩子学习和模仿的首要对象，所以，家长在日常生活中就应多使用礼貌用语，待人接物都应该讲礼貌，对孩子也应讲礼貌，不说脏话。比如，妈妈想让孩子端一杯水来，可以说："请帮妈妈端一杯水来可以吗？"当孩子端来水之后，家长就要对孩子说："谢谢。"慢慢地，孩子就会懂礼貌了。

培养礼貌小标兵

孩子不肯叫人,家长就不要勉为其难地硬让孩子叫。孩子成长的过程是漫长的社会化过程,并非一朝一夕能够完成的,家长不要急于求成,可以试试下面的办法。

1 以身作则,给孩子树立好榜样

遇到熟人后,家长要礼貌地打招呼,为孩子起到良好的示范作用,孩子在耳濡目染下,就能逐渐学会讲礼貌。

2 不要过多批评孩子

三岁的孩子会害羞,且有自己的主见。如果动不动就批评孩子,会引起孩子的叛逆,更加讨厌叫人。

3 循序渐进引导孩子

孩子不叫人可能是本身内向,这时家长不要强迫孩子马上就热情懂礼貌,可以一点一点引导孩子,从微笑到简单交流,再到主动问好,逐渐进行引导。

○ 孩子不懂得与小朋友分享

三岁左右的孩子还不懂得分享，总是护着自己的东西不给别人，即使是爸爸妈妈也不给。

其实，家长完全不必过于担心，让孩子学会分享东西需要一个过程。孩子认为，他的东西是他的，别人的东西只要他喜欢也是他的，但是自己的东西却不舍得给别人玩。孩子觉得自己的东西给了别人就是失去了这样东西，这会让孩子不能接受，因此，孩子拒绝与别人分享。

文博上幼儿园小班了，家里就他这一个孩子，爷爷奶奶、爸爸妈妈都很疼文博。要是家里有什么好东西，都会留给文博，特别是好吃的，大家都不舍得吃，都留给文博吃。有时，文博会拿出一个给妈妈或爸爸吃，这个时候，爸爸妈妈总是会笑着说："爸爸（妈妈）不吃，文博快点吃吧。"时间一长，文博就谁也不给吃了。

有一次，幼儿园上课的时候老师让大家画画，可是和文博挨着的文文没有带彩笔来。文文渴望地看着文博手中的彩笔，文博却无动于衷。这时，老师走到文博跟前说："文博，文文没有彩笔，没法画画了，文博最乖了，把你的彩笔借给文文，你们两个一起画画，好不好？"文博听到后立刻扭头说："不行，我不愿意借给她！"无论老师怎么说，文博就是不借。老师没办法，只好让文文向别的小朋友借了。

妈妈带文博出去，都会给文博带一些零食，文博和小伙伴们玩着玩着就会向妈妈要东西吃，那么妈妈带的零食就派上用场了。其他小朋友看到文博在吃零食都会嘴馋，所以，妈妈总是会多带一些，然后分给小朋友吃，而每次文博看到自己的东西被分给了别人都会不高兴，伸着手就要抢回来，弄得大家都不开心。妈妈想了许多办法想让文博变得大方些，可是文博总是这样自私。

家长都希望孩子能够听话，看到孩子这样自私，往往会觉得非常尴尬。但是如果想要改变孩子的这种行为，就要先了解孩子不懂得分享的原因是什么，然后对症下药，才能事半功倍。那么，孩子为什么不愿意分享呢？其中有什么样的心理原因呢？

其一，孩子的占有欲十分强，是自己的东西就不允许别人碰。

其二，孩子在三岁左右总是以自我为中心，只接受而不愿意付出。

其三，孩子不懂得"借"的意义，生怕自己的东西一旦借给别人就不再属于自己了。

其四，孩子以前借东西给别人的时候，有被弄坏或者没有还回来的不愉快经验。

了解到这些可能引起孩子小气、不懂分享的原因之后，家长要调整自己的教育方式，正确引导孩子，逐步帮助孩子调整心

引导孩子懂得分享的方法指导

孩子不愿意分享,家长不要一味地责怪孩子,因为这和家长的教育方式有直接的关系。因此,想要孩子学会分享,家长要善于引导。

1. 从小给孩子灌输分享的意识

孩子还小的时候,家长就应该培养孩子的分享意识,让孩子慢慢养成一个好习惯,愿意同别人分享。

2. 在满足孩子的基础上,教育孩子与人分享

孩子的东西如果足够多的话,孩子就不会太小气。所以在买东西的时候,家长可以适当多买一点儿,然后借此教育孩子学会分享。

3. 不强制,让孩子自己决定

在教育孩子的时候,要用商量的语气,让孩子心甘情愿地分享,而不是强制执行,否则容易使孩子心灵受到伤害,会适得其反。

态,让孩子学会分享。

○ 孩子动不动就和小朋友打架

三岁左右的孩子,他们解决问题的方法主要有两种:一种是身体攻击,一种是退缩回避。所以,就常常会出现孩子们打架的局面。

孩子之间为什么会经常产生矛盾和冲突呢?这是由孩子的认知水平决定的。三岁左右的孩子,常常以自我为中心,他们只会按照自己的意愿做事,很难站到别人的角度思考问题,也不能接受别人的建议和意见,又由于语言表达能力有限,缺乏良好的沟通经验,与同伴们一起玩耍的时候,多半是出于好心却办了坏事,遭到误解也不会辩解。因此,彼此之间很有可能随时产生分歧和矛盾。但是家长也不用担心孩子会记仇,他们的情绪不会因为刚才的矛盾而受到影响,过不了多久,他们就会像什么都没有发生过一样又玩在一起了。

磊磊马上就要三岁了,年龄长了,脾气也长了不少,现在磊磊只要出去和小朋友们一块儿玩,总是玩不了多久就会跟人打架。由于磊磊长得更壮实一点儿,每次都把小伙伴们打哭。为此,妈妈没少批评他,可是磊磊就是听不进去,往往妈妈前面刚说了,不一会儿磊磊就又和小朋友打了起来。

磊磊很喜欢和比他大一个月的凯凯玩。虽然凯凯大一点儿,却长得很瘦小，还没有磊磊个头高呢。每天，磊磊都要妈妈带着他去凯凯家玩。凯凯家有很多玩具，还有一辆小汽车，磊磊特别爱玩那辆小汽车，可是凯凯也很喜欢玩，总是不舍得让磊磊玩。有一次，他们又在争抢小汽车，磊磊仗着自己个子高，一把就将凯凯推到了地上，凯凯大声哭起来，站起来伸手就抓了磊磊的脸，磊磊的脸被抓破了，他们两个都大哭起来。要不是大人赶紧把他们拉开，两个人还要打呢。

不只是和凯凯打架，磊磊出去玩的时候，还经常和别的小朋友打架。就算是不认识的，磊磊也乐意一起玩，但是过不了多久，不是磊磊把别人打哭，就是自己被大一点的孩子打哭。妈妈真的是一点儿办法也没有，整天跟在磊磊身后拉架。

许多孩子打架的时候，家长都会训斥孩子，而有的溺爱孩子的家长会帮着孩子教训对方，无论是哪一种做法，对孩子的成长都是不利的。这个年龄段的孩子出现打架的行为十分正常，家长不要因此就给孩子扣上"坏孩子"的帽子，因为这个阶段的孩子还不能用品质优劣来进行评价。因为孩子的潜意识中没有善良和丑恶的观念，他们所表现出的是一种最本性、最自然的竞争行为。当然，孩子的习惯性攻击行为会严重影响孩子的人格和品德的发展，甚至可能会导致孩子成人后的犯罪行为。因此，家长千万不能忽视，而是要用正确有效的方法进行制止。

当孩子之间发生冲突时，最好的方式是让孩子自己解决他们

如何对待爱打架的孩子

孩子打架本是件正常的事情,但是孩子毕竟在慢慢长大,家长不能对孩子的行为不闻不问,而是应该积极引导孩子,教给孩子解决矛盾的正确方法,防止孩子形成习惯性攻击行为。

1 正面指导,给孩子讲道理

三岁的孩子已经可以听懂一些道理,家长可以用孩子能听懂的语言给孩子讲道理,化解孩子之间的冲突和矛盾。

2 限制孩子看有暴力情节的节目

孩子的攻击行为有些是通过模仿而获得的,因此家长要注意电视节目对孩子的影响,不要让孩子看带有暴力成分的节目。

3 适当惩罚

放任自由和过度惩罚都不是解决孩子打架行为的好方式,正确、有效的方法是适当惩罚,促使孩子改正不良行为。

之间的冲突，但是毕竟孩子的经验有限，当孩子向家长求助的时候，要引导孩子正确地处理所面临的问题，帮助孩子认识到解决冲突的办法有很多种，让他们懂得友好相处。

○ 别人的玩具总是比自己的好

对于孩子来说，似乎有这样一种心理：玩具越不是自己的，孩子就会越觉得好玩。例如，有的家长已经给孩子买过某一个玩具，但是孩子一直放在家里不玩，都不知道扔到哪里去了，但是，孩子在公园看到有个小朋友玩一模一样的玩具，就会觉得很好玩，自己也想要。

由于这个年龄段的孩子自我意识开始萌发，刚刚建立"我"的概念，还不能很好地将自己跟其他事物区分开，也不会站在别人的角度思考问题。所以，孩子抢玩具的行为就这样发生了。但是，孩子的这种行为，是自私和霸道的，会影响孩子的正常人际交往，如果家长不好好加以引导，可能会让孩子的个性朝着不好的方向发展。

天天已经两岁零九个月了，在家里，妈妈给他买了许多玩具，都放在天天的玩具房里，但是天天并不爱玩这些玩具，往往是妈妈刚买回来的时候玩上几天，之后就放起来，很少再玩了。可是只要天天出门看到别的小朋友在玩玩具，无论是什么玩具，天天总是想玩，如果看到年龄比自己大一点儿的，天天就跟在人家屁股后面看；如果看到比自己小的小朋友，天天就会去抢，为此经常把别人惹哭。

每天吃完晚饭，妈妈都会带天天下楼玩一会儿。小区里有几个和天天年龄差不多的孩子，天天每次出去看到人家拿着玩具，就直接抢过来自己玩，有些玩具明明自己家里也有，但是天天就是爱抢别人的来玩。

有一次，邻居小刚拿着一个玩具卡车在地上装沙子玩。天天看到后觉得很有意思，就跑过去拿起玩具卡车跑到一边玩了起来。小刚看到卡车被抢了，也不甘心，就想抢回来。两个人一人拿着一边争抢，天天看玩具被小刚拽着，就不高兴了，空出一只手就去抓小刚的脸，小刚哭了起来，玩具车被天天抢到手了。

天天的妈妈赶紧过来看看小刚，幸好小刚的脸没有被抓破。接着，妈妈让天天把玩具车还给小刚，天天把车藏在身后，怎么也不肯交出来。

像天天这样的孩子非常多，许多家长觉得孩子太霸道，不知道该怎么教育。其实，孩子抢夺玩具的行为并不是蛮横霸道、不能教育的。假如孩子强行抢夺别人的玩具，家长就要马上介入，告诉孩子：那是别人的玩具，想要玩必须等别的小朋友同意了才行。如果这样的劝说孩子还是不听，不愿意和对方商量的话，家长就要强行把玩具还给对方，给孩子树立一种"抢别人的东西是不对的"的观念。

孩子爱抢别人的东西怎么办

❤1 教孩子分清物权

在日常生活中,家长应有意识地教孩子分清物权,不要轻易拿别人的东西。

❤2 教孩子礼貌说出自己的要求

对于自己想要的东西,孩子还不能完全说明白。因此,家长可以教孩子如何礼貌说出自己的要求,杜绝孩子抢夺别人的东西。

❤3 帮孩子建立交换意识

家长可以指导孩子用自己的玩具去交换别人的,让孩子建立交换的意识,从而让孩子不再抢夺。

如果孩子总是抢夺别人的东西,就会导致其他小朋友不愿和他玩,从而影响孩子的人际交往。因此,家长要积极帮助孩子改正抢夺东西的坏习惯,让孩子能够受到大家的欢迎。

第二篇
儿童叛逆期：
我是一个准大人

第一章
纠正不良行为，让孩子受益一生

○ 七八岁的孩子突然变得爱睡懒觉

睡懒觉是许多孩子的共同嗜好，尤其是处于七八岁时期的儿童，大多数家长对此都感到十分烦恼。其实，仔细想一下，不仅是孩子，很多成人都十分爱睡懒觉，只不过是成年人的自制能力强一些，或者强迫自己养成了良好的行为习惯而已。

许多家长也许还记得，孩子在小的时候，总是早早睡觉早早起床，为此，许多年轻妈妈还不适应每天早起呢。但是，为什么到了七八岁，孩子则变得爱睡懒觉了呢？

对于孩子来说，爱睡懒觉的主要原因还是平时的睡眠不充分，睡觉睡得晚，所以该起床的时候才会赖床。这个时期，孩子每天的睡眠时间大约是10小时。如果不足10小时，孩子就会出现睡眠不足的现象，从而就会比较容易赖床。而造成孩子睡眠不充足的主要原因是许多孩子睡觉晚，在晚上，不是看电视就是打游戏，当然也有相当一部分学生是在写作业，以至于他们没有办法早早入睡。而孩子们早晨还要去上学，又要求他们要早起床，这就没法保证孩子的睡眠时间，因此，他们才会在起床的时候这样赖皮。

三招对付睡懒觉的孩子

1 让孩子早睡,帮助他们改变作息习惯

与其一味责备孩子赖床,不如想办法让孩子早睡,当孩子睡眠相对充足的时候,赖床对他而言也就没什么必要了。

2 让孩子受到适当的惩罚,让他为自己的懒惰埋单

对于屡教不改的孩子,家长可以适当地让孩子接受惩罚,比如上学迟到。让他为自己的赖床付出代价,是一种有效的方法。

3 以身作则,为孩子做出好榜样

家长不良的生活习惯也是影响孩子赖床的一个原因,所以家长首先要以身作则,给孩子做出合格的榜样。

小寒上小学一年级了，学习成绩还不错，但是小寒特别爱睡懒觉，妈妈每天早上为了喊他起床，真的是费尽心力。

小寒从小就喜欢看动画片，妈妈也没有多管教他。在小寒上小学之后，由于一整天都在上学，所以他下午放学后总是迫不及待地打开电视看动画片，一直到妈妈喊他吃饭了，才将视线从电视上移开。吃完饭，妈妈就会监督小寒写作业，为了看动画片，小寒倒是每天都能迅速完成作业。只要作业一写完，小寒就迫不及待地坐到电视前。

这个台演完了就换到另一个台，另一个台演完了就再换台，一直到晚上九点多，妈妈严厉制止小寒后，他才不情愿地去洗漱睡觉。等到小寒躺在床上的时候，往往已经到了晚上十点多。有时小寒还要耍赖，在床上又要这个又要那个的折腾一阵子才肯睡。

晚上睡得这么晚，第二天起床可想而知有多困难了，闹铃响了又响也不起作用，妈妈喊他几遍都无动于衷，好多次都是妈妈硬把他从被窝中拉起来。他还生气发脾气，一直闹情绪到出门。小寒的妈妈也想让孩子改掉爱睡懒觉的毛病，可是苦于找不到良策。

对于孩子爱睡懒觉，家长不必大惊小怪，这是大多数孩子的通病。只要家长帮助孩子养成良好的作息习惯，孩子就会很快改掉这个坏毛病的。

由于孩子的自制力较差，又没有太强的时间观念，在心理上并没有对时间的重视，所以他们不会主动安排好作息时间，总是随着自己的兴致来，或者学习家长的作息规律。因此，在帮助孩子养成良好作息习惯的时候，家长首先要从自身做起，因为家长是孩子最好的榜样，孩子心理还不成熟，许多行为都会选择模仿别人，而家长无疑是孩子最容易模仿的对象。因此，家长要先做到早睡早起，给孩子做一个良好的示范。

除了睡眠不足之外，有的孩子是因为留恋被窝才不愿意起床，尤其是在冬天，这种现象尤为明显，这属于孩子的惰性在作怪，这种行为通过早睡早起是很难解决的，这个时候家长可以对孩子的行为进行一定的惩罚，这对于屡教不改的孩子还是比较管用的。当然这种方法不能经常使用，如果经常使用就会出现两种结果：一是会打击孩子的自尊心；二是会导致孩子变得越来越"皮"。

○ 孩子大了却不会收拾整理

现如今，生活条件十分优越，许多父母和长辈都十分宠爱孩子，孩子从小就过着衣来伸手、饭来张口的生活。而且由于害怕孩子受到伤害，家长总是什么都不让孩子做。等到孩子长到七八岁时，家长就会忽然发现，孩子都这么大了却什么都不会做，想想自己这么大的时候都是自己上下学，有的还会自己洗衣服、做饭了,但是现在的孩子呢?饭要让妈妈端到桌子上,衣服要让妈妈洗,有的甚至还需要妈妈帮忙穿衣服,上学放学要家长去接送……

许多家长觉得现在的孩子太懒了,却没有发觉孩子的懒有很大一部分原因正是家长自己造成的。家长在孩子小的时候不注意培养其劳动习惯,也不教孩子劳动的技巧,孩子大了当然就不会;有时想起来要教孩子,一旦孩子做得不好,家长就还得再做一遍,许多家长就会觉得麻烦,还不如一开始就自己做,结果孩子失去了学习的机会。

所以,现在的孩子长到七八岁了,不会收拾自己的房间,不会整理自己的物品,就成了十分常见的现象了。

丹丹上小学二年级了,在班里,丹丹的学习成绩一直都很好,而且从小就学习舞蹈和各种乐器。所以,在大家的眼中,丹丹不仅是一个乖乖女,更是一个小才女。但是,丹丹都这么大了,什么家务活都不会干,什么事情都要妈妈替她做好才行。

每天晚上,妈妈都要把丹丹第二天要穿的衣服放在她的床头,第二天,丹丹直接穿上就可以了。有的裙子不好穿,丹丹还需要妈妈的帮助才能穿上。吃饭时,丹丹就直接坐在椅子上,等着妈妈把饭菜都端到她的面前才行。书包丹丹也不会整理,都是妈妈一边问她需要什么,一边帮她整理好。吃完饭,丹丹直接背上书包就跟着爸爸一起出门,爸爸会把丹丹送到学校门

让孩子学会整理

孩子不会收拾整理也并不是什么大事,但是,孩子的这个不好的习惯可能会让孩子失去做事的条理性。因此,家长应该尽量培养孩子学会自己收拾整理自己的东西。

1 让孩子意识到收拾整理的必要性

不收拾再次找东西就会比较困难,家长可以不帮忙收拾,让孩子体验一下花费大量时间翻找东西的经历,让孩子知道收拾的必要性。

2 家长要做孩子的好榜样

家长的行为对孩子的影响特别大,因此家长首先要改掉乱扔东西、不爱整理的习惯,要以身作则,为孩子做出好榜样。

口。等丹丹走后,妈妈就开始帮丹丹收拾房间。

可是妈妈觉得丹丹已经八岁了,应该自己学着收拾房间了。于是在一个周日,妈妈就对丹丹说,让她自己先收拾床,因为丹丹的床上除了被褥之外,还有很多零食和课外读物,还有她喜欢的娃娃。可是丹丹对妈妈撒娇道:"妈妈,我不会收拾嘛,妈妈帮我收拾。"平常只要丹丹这样说，妈妈就会让丹丹玩，妈妈替她收拾，但是这次妈妈就是不肯，非让丹丹自己收拾。结果丹丹收拾了半个小时，也没有把床收拾整齐，被子也不会叠，零食都堆放在床头。没办法，还是妈妈重新收拾了一遍。

每个人生来就有一种惰性，这种惰性主要表现在不愿意劳动上，而收拾整理需要付出体力劳动，还要不断总结思考付出脑力劳动，孩子在没有直接从收拾整理中得到"实惠"时，就会表现出懒惰的样子。这是孩子不愿意收拾整理的一个重要原因。

除此之外，还有一个十分重要的原因就是，家长平时总是代替孩子去收拾，也不注意教给孩子收拾整理的技巧，这样的娇惯使得孩子认为家长替自己收拾整理是理所应当的，也就不愿意自己动手去做了。等到孩子长大了，家长才让孩子去做，而这个时候孩子的惰性已经形成，加上孩子没有收拾的习惯，也不会收拾，所以这个时候孩子做起来就显得十分困难。

就孩子的能力来说，四五岁时他们就可以收拾整理自己的东西了。如果这个时候家长肯耐心教孩子，并且给孩子锻炼的机会，那么，他们就会慢慢形成自己收拾整理的习惯。而例子中的丹丹，从小妈妈就不让她整理，平常也没有教孩子该怎样整理，这样，即使孩子长大了也不会自己收拾整理。因此，家长在埋怨孩子不会的同时，也要检讨自己的行为，有很多时候，责任是在家长身上，而不是孩子身上。

○ 孩子拖拉、磨蹭是可以改变的

孩子到了七八岁，许多事情已经可以自己做了，但是由于孩子刚开始独立完成，因此还不是很熟练，会出现许多问题，比如拖拉、磨蹭的行为习惯。

拖拉、磨蹭是这个年龄段的孩子的"通病"，究其深层次原因，是因为孩子还没有形成时间观念，所以非常容易形成做事拖拉的毛病。孩子对于多长时间应该做完多少事情没有计划和想法，他们做事大多都是"顺其自然"，自己能什么时候完成就什么时候完成。因此，许多孩子就会显得非常拖拉。对于这个年龄段的孩子来说，进入小学后，面临许多需要自己独立完成的事情，比如家庭作业。如果孩子不能尽快完成的话，就会拖到很晚，孩子在心理上可能会产生一定的焦虑，不得不熬夜完成作业。这样，对孩子的心理和生理都十分不利。因此，家长要注意帮助孩子改掉拖拉的毛病。

文文刚刚读小学一年级，平常在家做事就非常磨蹭，家长原以为上小学之后许多事情都比幼儿园要有纪律、有时间限制，可能会让文文改掉磨蹭的习惯。但是已经过去快一年了，一年级马上就要结束了，文文还是做什么都不紧不慢的。有时妈妈都着急了，喊她好多次，文文也不会加快速度，还是完全按照自己的节奏做事。

孩子爱磨蹭，家长怎么办

爱磨蹭是许多孩子在七八岁时会出现的毛病，这会对孩子的生活和学习产生一定的影响。因此，家长应该帮助孩子改掉这个不好的习惯。

1 培养孩子的时间观念

家长可以给孩子讲讲时间的重要性，让孩子明白时间的珍贵。另外，让孩子在规定的时间内完成一定的任务，逐渐培养孩子的时间观念。

2 让孩子接受拖延的惩罚

当孩子承担了坏习惯所带来的后果时，他自然就会主动改掉这种坏习惯，而家长所需要做的就是停止包办，给他一个接受惩罚的机会。

其实改变孩子拖拉的习惯，并不是一件十分困难的事情。家长不要总是在孩子做事拖拉的时候批评孩子、指责孩子，而是要引导孩子，只要家长的方式稍加改变，就会发现一个不一样的孩子。

知道文文爱磨蹭、拖拉，每天早晨妈妈都会很早就喊文文起床，即使是这样，文文还是经常迟到。夏天只需穿件连衣裙，一分钟不到就可以完成的事情，文文却要五分钟才能穿好。洗脸刷牙也是，她一边刷牙一边看看这里，戳戳那里，好久才能刷完。终于可以吃饭了，但是她会慢悠悠地走到桌边坐下，食物进嘴里就不怎么动，要好长时间才会咽下去一口。妈妈还要赶时间出门上班，因此总是催促文文。可是无论妈妈说得多着急，文文也不会加快速度，说几次之后，妈妈就没有耐心再说了。

晚上写作业也是一项大工程，文文的好朋友小霞经常写完作业过来找文文玩。每次小霞来的时候，文文都没有写完作业。就算小霞在一边等着文文，文文也不会快一点儿，还是磨蹭着写。有时写不完就干脆放一边，开始和小霞玩。结果，到了很晚文文才会完成作业。由于时间太晚，文文也睡得很晚。

总之，孩子只有改掉磨蹭、拖拉的习惯，才能节省时间，多做一些有意义的事情。不过，对于七八岁的孩子做事爱磨蹭的毛病，家长不必过于担心，这是这个年龄段的孩子非常常见的行为，由于孩子还没有形成时间观念，等孩子再大一点儿，有了时间观念，磨蹭的毛病就会改掉的。但是，如果孩子做事太磨蹭，已经影响到正常的生活，家长就要有意识地帮助孩子改掉这个不好的习惯了。

在帮孩子改掉磨蹭的习惯之前，家长要先了解孩子做事磨蹭的具体原因是什么，上文说的没有时间观念是一种原因，还有一种原因是孩子先天性格的影响。有的孩子性格内向，做事有自己的想法，不容易接受别人的建议，对于这样的孩子，家长就不能强行改变他们的习惯，否则会引起孩子的叛逆心理。对于这类孩子，家长要做好长期培养和影响的心理准备，不能简单地通过批评教育来改变，当然，也不能听之任之。家长首先要做好榜样，然后慢慢给孩子灌输时间观念，一点一点引导孩子改变，一定不要急于求成。

○ 孩子痴迷于电视、网络

现在的许多家长都是上班族，每天的大部分时间都在公司或单位里，陪孩子的时间很少。现在的孩子大都是独生子女，如果再住在高楼林立的城市中的话，那么孩子的交际范围就会变得十分狭窄，没有人陪孩子玩，许多孩子就会被五彩缤纷、丰富多彩的电视节目和各种各样的网络游戏所吸引，时间一长，难免会沉迷其中。

孩子平常看看电视、玩玩电脑并不是什么坏事，也不会对孩子产生太大的影响，反而会增加孩子的见识，让孩子懂得更多的知识。但是，如果孩子沉迷其中不能自拔，无休止、无选择地看电视、玩电脑的话，就会对孩子产生非常坏的影响，比如对视力的影响、对学习的影响、对睡眠的影响，等等。更为严重的是，在孩子七八岁的时候，孩子的世界观、价值观都还没有形成，电

正确引导沉迷于电视、网络的孩子

1 转移孩子的兴趣

很多时候,孩子是因为自己没有真正的兴趣爱好才会迷上电视、网络。家长可以发掘孩子的兴趣爱好,让孩子的心思逐渐转移到其他兴趣上。

2 控制孩子看电视、玩电脑的时间

七八岁的孩子还需要大人的监管,家长可以适当安排孩子看电视、玩电脑的时间,给孩子制定时间表,让孩子严格遵守。

3 家长先管好自己

孩子自控能力差,经不住诱惑,因此,家长要先控制自己看电视、电脑的时间。

4 让孩子"忙"起来

很多孩子是在家长忙的时候,比如做饭、干家务等时间看电视,因为没人陪他玩,家长可以让孩子参与到忙碌中,还可以顺便培养孩子的自理能力。

视和网络上的一些不健康、消极的节目和游戏会给孩子带来心灵上的伤害，因此，家长对于孩子沉迷电视、网络的问题，必须要引起重视，引导孩子改正。

小冬今年八岁，上小学三年级了。平常爸爸妈妈都要上班，小冬放学后都是和奶奶待在家里。现在小冬慢慢大了，不愿意跟奶奶玩，况且许多游戏和玩具奶奶也不会玩，因此，小冬总是一个人在家看电视。

只要一放学回家，小冬放下书包就打开电视，吃饭的时候也是坐在电视前面看。一开始，小冬是看动画片，后来什么都看，偶像剧也爱看。到了班里，小冬还和同学讨论电视剧的故事情节。

过了一段时间，小冬跟妈妈说自己看不清黑板，妈妈带着小冬去检查发现他已经近视了。至此，妈妈才觉得必须要管管这个电视迷了。妈妈开始控制小冬看电视的时间，小冬自然不乐意了。于是，小冬每天趁妈妈还没有下班就看电视，听到妈妈上楼的声音就赶紧关上电视，反正奶奶也管不了他。

这样偷偷摸摸了一阵子之后，小冬觉得不过瘾，便偷偷到网吧上网去看。结果小冬到了网吧之后更是了不得，电视剧也不看了，直接开始玩游戏了。小冬玩起游戏比看电视还痴迷。好几次晚上很晚还不回家，妈妈一直以为他去同学家玩了。

后来，别的家长到网吧找孩子看到小冬就跟他妈妈说了，妈妈这才知道小冬天天出去是去网吧了，爸爸气得打了小冬一顿，结果他哭着跑出去了。看着如此不听话的孩子，小冬的爸爸妈妈真的不知道该怎样才能教育好他。

现在的媒体发展迅速，孩子从小就会接触这些东西，再加上没有太多的娱乐项目，孩子就会选择电视、网络等这些丰富多彩且简单易得的娱乐方式，其实这也是孩子打发时间和缓解上学压力的一种途径。但是孩子一旦沉迷其中就会造成不利影响。许多家长看到孩子沉迷了，就一味地采取强制措施，或者对孩子大发雷霆，这只会让孩子更加反感。毕竟孩子也是需要娱乐的，而且七八岁的孩子有着强烈的好奇心，也开始喜欢追逐流行，所以粗暴地限制并不能让孩子远离电视、电脑等电子产品。

家长想要让孩子不痴迷电视、电脑，一定要选对方法，这个年龄段的孩子已经有了自己的想法，初步了解了一些社会规则，而且正处于叛逆期，家长稍不注意就会引起孩子的叛逆心理，导致无法很好地解决问题。因此，一定要采取科学合理的方法，帮助孩子改掉不良习惯，给孩子一个轻松健康的成长环境。

○ 孩子偷钱买玩具要不得

有些孩子会有偷钱买玩具的经历。一般情况下，孩子没有胆子去偷别人的钱，都是偷拿家里的钱，去买自己喜欢的玩具。这个年龄段的孩子对玩具的需求是非常大的，只要看见自己没有的玩具就想要，或者看到同学、小伙伴手里的玩具，孩子就希望自

帮孩子改正偷钱买玩具的不良行为

1. 让孩子知道挣钱不容易

如果家长干的工作十分辛苦的话,可以让孩子体会家长是怎样工作的,或者告诉孩子挣钱不容易,让孩子知道钱不能随便乱花。

2. 让孩子多与小伙伴玩

和别的孩子玩的时间多了,知道该如何和朋友相处了,孩子独处的时间就会减少,对玩具的依赖程度就会减弱,就不会总想要买玩具了。

3. 培养孩子广泛的兴趣

有时买玩具也是孩子的一种兴趣,只是并不是一种好的兴趣,家长可以培养孩子更广泛的兴趣爱好,丰富孩子的生活,减轻孩子对玩具的需求心理。

己也有，但是家长不可能无休止地给孩子买玩具，因此会拒绝孩子。孩子非常想要玩具，自己又没有能力挣钱，只好偷拿家长的钱去买。

许多家长没有时间陪孩子，就会给孩子买很多玩具。孩子一回到家里，陪伴他们的就是玩具。慢慢地，孩子减少了与外界接触交往的机会，这样，他们会越来越孤独，越来越烦闷，自然越来越与玩具亲近了，长此以往，孩子就会渴求更新更多更好的玩具。在这种情况下，玩具就是孩子做出这种不良行为的根本诱因。

阳阳的爸爸妈妈都上班，还经常出差，平常都是奶奶在家陪着阳阳，于是妈妈总是会在客厅的抽屉里放上一些钱让奶奶用。奶奶每次都只是把剩下的钱放回抽屉，具体还剩多少，并没有数过。

有一次，妈妈办完事提前回到家，阳阳还没放学呢，妈妈就到儿子的房间看了一下，发现阳阳多了很多新玩具，应该是最近几天才买的，妈妈以为是奶奶给阳阳买的，就去问奶奶，可是奶奶说自己并没有给阳阳买过玩具。妈妈又去问了爸爸，爸爸也说没有买。可是这些玩具一看就是新买的。

等阳阳放学回家后，妈妈拿着新玩具质问他。阳阳开始不承认，不是说玩具是别人的，就是说和别人换玩具玩的，最后，在妈妈的一步步逼问下，阳阳才承认是自己拿了抽屉里的钱买的玩具。

由于奶奶平常都不查钱数,而妈妈以为是奶奶花了,就这样,两个人都没有对过账,倒是让阳阳钻了空子。这次,爸爸、妈妈和奶奶都好好地教育了一下阳阳,跟他讲了许多道理,而且都以为阳阳会改正的。可是,阳阳并没有收手,看到玩具就想买,不知不觉就又偷着拿家里的钱了。

之后,阳阳又陆陆续续偷了几次钱,爸爸为此打过他几次,可是阳阳总是改不了,被打的时候说以后再也不偷了,可是没过几天就又偷了。阳阳才刚上小学二年级,妈妈真担心以后阳阳会犯下更严重的错误。

有些家长发现孩子偷钱之后,会像阳阳的爸爸一样打孩子,其实这样的方式只会让孩子更加叛逆,并不利于孩子改正不良的行为习惯。因此,对于爱偷钱买玩具的孩子,千万不要只是责骂孩子,甚至殴打孩子,而是应该因势利导,慢慢疏通,让孩子一点一点改正自己。如果孩子爱买玩具,爱玩玩具,说明孩子的右脑比较发达,有着很强的动手能力,家长可以引导孩子向这个方向发展。

另外,对于七八岁的孩子来说,玩具没有高低贵贱之分,只要孩子觉得有趣,哪怕是捡来的瓶子也会是很好的玩具。因此,家长可以亲自动手教孩子自己做玩具,这样不仅可以培养孩子的动手能力,而且还能让孩子得到自己制作的玩具,这样孩子会玩得更加开心。并且在制作玩具的过程中，亲子关系会得到加强，孩子也能从中体会到做玩具的不易，从而更加珍惜玩具。

○ 与家长对着干是典型的叛逆行为

俗话说"七岁八岁讨人嫌"，许多家长都深有体会，原本乖巧的孩子，长到七八岁突然就跟变了一个人似的，什么事情都与大人对着干，让他往东他偏要往西，让他吃饭他却要睡觉，让他睡觉他还要玩。总之，这个年龄段的孩子轻而易举地就能让家长暴跳如雷。

在孩子上小学之后，所接触的外界范围会增大很多，而且从书本上，老师、同学身上或者社会上都会学到很多知识。随着知识的不断积累、孩子心智的逐渐成熟，以及生活经验的不断增加，孩子会逐渐形成自己的思想和见解。而家长的想法或者要求与孩子的内心有所不同的时候，孩子就会表现出反抗心理，在情绪上排斥家长，故意和家长对着干来彰显自己的能力。孩子开始不断挑战家长的权威，却往往不得要领，只能盲目地用反抗的方式发泄自己的不满。

小凡自从上三年级以后，就像变了个人一样，整天都跟家长对着干，妈妈每次都要苦口婆心地教育他，爸爸却没有耐心，被小凡气到之后总是会动手打他几下，可是小凡越被打脾气越大，简直成了一头"小倔驴"了。

在以前，小凡虽然不是十分听话，但是家长说话他还是会听的。现在可好，无论爸爸妈妈说什么，他都偏要做相反的事情。早晨起床后，妈妈做好饭让小凡吃完饭再去上学，结果小凡说"不想吃"，直接背上书包就出门了。妈妈想要送他，小凡说"不用"，要自己骑自行车去上学。妈妈到他房间一看，床上的东西可真多啊，明明规定了起床要自己叠好被子，去年开始小凡就自己叠被子了，怎么最近不但不叠被子，还把床上弄得这么乱呢！

有一次，妈妈带着小凡去商场买东西。妈妈想给他买学习用品，可是妈妈往购物车里放，小凡就往外拿。而妈妈不让买的东西，小凡偏要放进购物车，母子两个在商场吵吵闹闹的，最后不欢而散，小凡独自先回家了。最终，妈妈也没有给小凡买他喜欢的东西，只有原先被小凡拿出来的文具。小凡一看，把文具往地上一扔，便出门了。

许多家长面对孩子的这种对着干的行为，都会跟小凡的爸爸一样，对孩子施行棍棒教育，其实这样并不能解决问题，反而会让孩子更加叛逆，因为这个年龄段的孩子敢于选择和家长作对就不会害怕家长的暴力，棍棒教育可能会导致孩子越打越皮，越来越不听话，到最后反而更加不好管，到那个时候，家长再想好好教育孩子，就会难上加难。

那么，既然暴力不能解决问题，而好声好气地说孩子又不听的话，该如何教育好孩子呢？其实最好的办法就是家长停下来，

正确引导与家长对着干的孩子

很多时候，孩子产生反抗心理，是因为家长采取的方式不对，或者没有理解孩子的想法。因此，面对孩子的叛逆，家长可以这样做：

 不要命令孩子，而是商量

家长直接命令孩子，会让孩子感觉不被尊重，继而反抗。因此，家长要反省一下自己，不要太专横，要多和孩子商量，尊重孩子的想法。

 要信任孩子，多肯定孩子

许多家长不信任孩子，导致孩子破罐子破摔，其实充分的信任能够帮助孩子认识错误，继而改正。

孩子犯错并不可怕，可怕的是家长处理问题不当所引发的后果。每个孩子都是纯洁的化身，家长要采取正确的方式和孩子交流，让孩子健康、快乐地成长。

听听孩子的想法，走进孩子的内心，了解孩子到底想要的是什么。孩子和家长对着干，往往是因为在某个阶段，孩子有了自己的想法，而他的这种想法与家长的想法不同，家长却没有问一下孩子的意见，总是对孩子的事情专制独裁，这样就会让孩子产生抵触情绪，无法改变事实的孩子就会选择与家长对着干来表达自己的不满。因此，家长在做某些决定的时候，不妨耐心地询问一下孩子的意见，然后共同商量出双方都可以接受的解决方法，孩子感觉自己被尊重了，慢慢地也就不再跟家长对着干了。

在和孩子交流的时候，家长要注意谈话的技巧。孩子在故意跟家长对着干的时候，孩子的内心其实是十分挣扎的，这个时候，家长应该尝试理解孩子内心的困扰，用迂回的方式指引孩子，这样有助于孩子逐渐放松警惕，心平气和地接受家长的建议。这样的方法比直截了当的方式更容易让人接受，孩子也是一样。

○ 孩子为何知错不认错

七八岁的孩子，他们的生理机能和心理都还没有发育成熟，因此常常会说错话或者做错事。有时也会因为贪玩而弄坏东西，或者玩得太忘我，结果把家里弄得一团糟。一次，两次，家长都可以接受，只会口头说说孩子。但是，次数多了，家长难免会生气，就会质问孩子，尤其在孩子弄坏家里的东西或者做了严重的错事时，家长会发现，小小的孩子竟然学会"撒谎"了，坚决不承认自己的错误，明明在"案发现场"，孩子也会"睁眼说瞎话"。原本家长只是想告诫孩子，可是看到孩子撒谎更加生气，因为爱玩爱闯祸是这个年龄段的孩子经常出现的问题，但是撒谎却会被家长认为是十分严重的关于品行的问题。

其实对于这个年龄段的孩子来说，很多时候还不能分清楚什么事情是对的，什么是错的，对于自己所做的事情也是一样。所以，当家长觉得孩子做错了的时候，往往会强迫孩子承认错误，还会让孩子保证以后会改正，但是，孩子却不明白为什么自己做错了，或者这样做到底有什么不对。所以，让孩子认错就会变得十分困难。

另外，在孩子做错事情的时候，家长可能曾经惩罚过孩子，那么孩子因为害怕受到惩罚，就不敢承认自己的错误。许多家长在教育孩子的时候总是会采取简单、粗暴的方式，在孩子犯错误之后，往往不是呵斥就是打骂，孩子会受到惊吓，感到无所适从。为了避免再次受到这样的惩罚，孩子再次犯错之后，只好死不承认。有的家长会先说不惩罚孩子，可是当孩子承认错误之后，还是会批评孩子，其实对孩子来说，批评也是惩罚。因此，想让孩子认错就更加困难了。

安安活泼好动，在家里总是闲不住，不是玩玩这个就是动动那个，为此不知道弄坏了多少玩具和家里的物品，妈妈也总是会批评他。

孩子不认错怎么引导

七八岁的孩子犯错误是件十分正常的事情，只要不是原则性的错误，家长大可不必过于较真，否则孩子就会失去承认错误的勇气。

1. 孩子承认错误后，家长不要再惩罚孩子

如果孩子已经主动承认自己的错误了，说明孩子已经认识到了错误，并希望得到原谅，这个时候，家长就不要再惩罚孩子了。

2. 家长要敢于承认自己的错误

很多家长犯错后碍于面子不会在孩子面前承认错误，也不会对孩子说"对不起"，这都会给孩子一个不良的示范，想要孩子敢于承认错误，家长首先要做好这一点。

3. 避免给孩子贴上"说谎"的标签

孩子的情感态度最为直接，往往贴上什么标签，他就会变成与标签一样的人。因此，孩子偶尔撒谎时，家长不要认定孩子永远撒谎。

由于安安非常喜欢看小金鱼，妈妈就买了一个小鱼缸，养了几条金鱼。妈妈担心安安会伸手去抓小金鱼，就把鱼缸放到了窗台上。

有一天，妈妈下楼去扔垃圾，碰到了邻居张阿姨，就跟张阿姨在楼下聊天。安安在家看电视，动画片中间插广告的时候，安安觉得无聊，便起身离开，她看到金鱼之后，就搬来小凳子贴着鱼缸看。由于安安非常喜欢金鱼，忍不住想要抓一条，于是就伸手到鱼缸里开始抓鱼。可是鱼多机灵啊，安安怎么抓也抓不到，急得安安不免手忙脚乱，手上一用力气，不小心把鱼缸弄歪了，接着鱼缸就掉到地上摔碎了，金鱼也掉到了地上。

安安知道闯祸了，赶紧从小凳子上下来，想要抓住地上的鱼。突然，安安听到妈妈开门的声音，吓得她赶紧跑到沙发上坐着，装作专心地看电视。妈妈回来看到后就问安安怎么把鱼缸弄坏了，安安却矢口否认，说自己一直在看电视，还说是大风把鱼缸吹下来的。不管妈妈怎么威逼利诱，安安就是不肯承认是自己打翻的。最终，妈妈调了家里的监控，才将事情的原委弄明白。

类似这样的例子，相信许多家庭都遇到过，其实家长很清楚就是孩子做的，但是想让孩子主动承认错误，结果孩子往往"打死也不说"，就算家长说了不会怪他们，他们也不肯承认。当然，这与孩子的个性有关，有的孩子生性比较执拗、任性，做错事也不愿承认，怕丢面子。

　　对于七八岁的孩子来说，想让他们主动承认错误十分困难。如果错误的确是孩子不小心造成的，家长应该耐心地对孩子进行影响，进行启发教育，给孩子承认错误的勇气。当然，如果孩子主动承认了，家长就不要抓住错误不放，而是要保护孩子的自尊心，不要再继续惩罚孩子。

第二章
塑造叛逆期孩子的优良个性

○ 孩子爱生气、爱发脾气怎么办

生活中,很多七八岁的孩子会经常生气发脾气,像个有小性子的小大人。孩子生气,是在表明自己不快乐的内心情绪,这是十分正常的事。但是,如果孩子经常生气,家长就要注意了,这说明孩子的内心是不快乐的,如果家长这个时候不对孩子进行关怀,反而认为孩子是任性而不予理睬的话,孩子就会经常哭闹、发脾气,更有甚者,孩子会将这种不愉快的心情发展为愤恨、嫉妒等不良情绪。

在孩子噘起小嘴,或者不愿意理睬人的时候,家长就要知道孩子的潜在语言是想告诉大家他生气了,家长应该注意到孩子的情绪变化,关注孩子的需求,帮助孩子解决问题,改变这种不愉快的情绪,从而避免孩子发脾气。

小真是个十分可爱的小女孩,今年刚上小学一年级,她学习非常认真,但是有一个小毛病:特别爱生气,稍不顺心就会发脾气。

孩子爱发脾气怎么办

孩子总是生气，继而发脾气，这些情绪和行为都是由各种具体的事情和原因引起的。那么，家长面对孩子爱生气的个性和爱发脾气的行为该如何做呢？

1 为孩子提供良好的家庭环境

家长性格暴躁、爱发脾气的话，孩子也容易形成同样的性格。因此，想要孩子少生气、少发脾气，家长就要营造一种良好的家庭环境，潜移默化地影响孩子。

2 教孩子如何表达自己的情绪

情绪的表达有很多种，在孩子不知道如何更好地表达时，家长可以教给孩子用正确的方式来发泄。

由于孩子自身的控制力和情绪控制力比较弱，遇到不开心的事情时难免会生气、发脾气。所以，家长要教孩子学会管理好自己的情绪，这才是避免孩子经常发脾气的根本途径。

小真经常去楼下的小广场玩,那里有许多小朋友。可是无论是比小真大的还是比她小的,小真在玩的时候从来都不礼让他人,稍有不顺心就会生气,弄得大家都不愿意跟她玩。

有一次,小真和燕燕在玩踢毽子,毽子是燕燕的,强子也想玩,燕燕就让强子一起玩。小真认为强子抢了燕燕做好朋友,就生气了,转身跑到沙堆那边和别的小朋友玩沙子去了。小真在沙子上倒点水,就有模有样地开始盖"大楼"了,沙子越堆越高,有几个小朋友追逐打闹,一个不小心,就把小真的"大楼"撞塌了。小真立马站起来对着不小心撞倒"大楼"的小朋友发起脾气来,不依不饶的,还抓起沙子往小朋友身上扔。妈妈赶紧上前劝阻,小真才作罢。

小真在家里对爸爸妈妈、爷爷奶奶也是这样,大家什么都顺着她还行,要不小真就开始生气、发脾气,常常弄得家人莫名其妙,不知道怎么又惹到这位大小姐了。

···

孩子长到七八岁时,会变得特别"敏感",经常生气发脾气。其实,孩子爱生气、爱发脾气是这个年龄段的一种十分正常的表现,这说明孩子的独立性和自我意识的增强。因此,对于孩子发脾气,家长要理智对待,不要强行制止孩子发脾气,如果孩子有了情绪而不发泄出来,长期憋在心里的话,会让孩子感到压抑,长期下去,孩子的心理可能就会出现问题。因此,当孩子发脾气的时候,家长首先应该安抚孩子的情绪,倾听孩子的感受,帮助孩子找到生气和发脾气的原因，给孩子一个合理的解释。一定要避免以暴制暴，不要用批评、打骂孩子的方式来对待孩子。

如果孩子动不动就发脾气，大事小事都会发脾气的话，就有点不正常了，需要引起家长的重视。如果是孩子性格比较暴躁的话，孩子就会格外爱生气、爱发脾气，这对孩子的成长十分不利。因此，对于这种性格的孩子，家长要尽量减少孩子发脾气的诱因，同时，还要教育孩子学会控制自己的情绪，学会理智做人。当然，爱生气和爱发脾气都是很容易受到环境的影响的，因此，在生活中，家长应尽量控制自己的情绪，尽量不要当着孩子的面发脾气，以免给孩子造成不良示范。

○ 胡搅蛮缠的孩子让家长伤透脑筋

用"胡搅蛮缠"四个字来形容七八岁的孩子似乎特别合适，因为这个年龄段的孩子确实让家长十分头疼，和他们讲道理吧，根本就讲不通，他们有自己的一大堆歪理不说，还爱无理争三分。

那么，孩子为什么会如此难缠呢？孩子在做一件事情的时候其实是非常认真的，但是孩子的认知和思维能力毕竟有限，不会像大人一样思虑周全，因此，有时候孩子觉得是在认真做事情，但是在大人看来，可能会觉得孩子在故意捣乱，是胡搅蛮缠。

有的孩子确实是在故意纠缠家长，其实这是源于孩子对家长的依赖性。观察一下孩子胡搅蛮缠的行为对象就不难看出，孩的对象大多数是家长，而其他人，孩子很少会纠缠他们。其实这么大的孩子已经非常清楚，即使自己这样胡搅蛮缠，为难家长，家长也不会真的把自己怎么样，孩子总是抱着这样的想法，而且通过胡搅蛮缠，孩子往往可以达到自己最初的目的。因此，孩子会将这种行为当作达成自己目的的一种手段，也可以说，孩子之所以会故意有这种行为，大多数是因为孩子有一定的目的想要达到。当然只是大多数，因为引起孩子胡搅蛮缠的也可能是因为孩子和家长之间的误解等原因。

双双是个十分聪明的孩子，学什么一学就会，亲戚朋友总是夸奖双双。在双双上小学之后，成绩也一直不错，为此，爸爸妈妈十分疼爱这个宝贝女儿。

但是，双双也有让家长十分头疼的时候，就是双双有时候十分不讲道理，在有些事情上总是和家长纠缠不清。

双双已经认识很多字了，而且拼音早就学会了，故事书上的字都是带着拼音的，妈妈希望双双可以自己读书。但是晚上睡觉之前，双双总是让妈妈给她读，有时候妈妈自己发挥，讲的和书上的不一样，双双就会不高兴："昨天你不是这样读的，你怎么连书都不会读啊？"妈妈说讲故事怎么可能每次都是一模一样的呢，可能会添加一些自己想的内容。但是，双双却不依不饶，有时就算妈妈完全按照书上的再给她读一遍，双双还是不开心。

双双非常喜欢画画，妈妈给她买了很多彩笔和绘画本，甚至还有素描本和各种笔。但是每次逛商场的时候，双双只要看到关于画画的材料，就会让妈妈买，有一些双双已经有了，或者是双双的年龄和绘画程度还用不到的，妈妈就说不买，还会告诉双双为什么不买。但是，双双会赖在那里不肯走，无论妈妈怎么劝说，双双就是不走，还抱着妈妈不松手，非得磨到妈妈答应买了才行。妈妈见商场人多，也不好一直由着孩子闹，只好答应买了。

此外，还有很多事情，妈妈觉得双双现在变得太胡搅蛮缠了，总是自己想什么就是什么，一不顺心就使性子，不是哭就是闹，跟她讲道理，她的小嘴更厉害，总是有自己的理由，妈妈经常觉得自己实在是应付不了这个小家伙了。

七八岁的孩子胡搅蛮缠大多数跟例子中的双双一样，为了满足自己的不合理要求，而家长有时会出于各种考虑，比如像双双的妈妈感觉人多不好意思，就会答应孩子的要求。这无疑是在迁就和纵容孩子，这样，孩子就会知道用这个手段可以达到自己的目的，以后就会常常这样胡搅蛮缠，更加肆无忌惮。

因此，对于家长来说，面对孩子的胡搅蛮缠，一定要采取一些方式方法，改正孩子的这种不良习惯。当然，要事先了解孩子行为背后的原因，找准原因再对症下药，让孩子以后更加理智，不再这样纠缠不清。

孩子胡搅蛮缠，家长该怎么做

1 先立规矩

面对孩子的胡搅蛮缠，无论什么原因都不要随意迁就孩子，可以在事先就给孩子立下规矩，然后严格执行。

2 不娇惯孩子

孩子的胡搅蛮缠往往是家长娇惯出来的，如果以前孩子要什么就给什么，时间长了孩子一旦达不到自己的目的就会变得胡搅蛮缠。

虽然孩子胡搅蛮缠让家长生气，但是由于这个年龄段的孩子本就十分淘气，所以，有时孩子可能只是性格使然，并不是胡搅蛮缠，所以面对孩子的行为，家长要分辨清楚，不要把孩子的淘气当作胡搅蛮缠。

○ 孩子爱搞破坏、搞恶作剧

七八岁的孩子已经进入第二个叛逆期，这个时期的孩子让家长感到头疼，他们似乎有用不完的精力去制造各种"混乱"，让家长应接不暇。如果批评他们，他们反而会变本加厉；如果放任不管，又担心孩子因此形成更加不好的行为习惯。这真是让家长左右为难。

这个年龄段的孩子破坏能力极强，看到什么都想摸一下、研究一下，结果不是弄坏就是摔烂了。对于物品有这般破坏力也算可以了，可是孩子的兴趣似乎不只是物品而已，对于各种事情和人，他们也是十分有兴趣。因此，各种恶作剧随之而来。按常理来说，这个年龄段的孩子已经可以懂一些是非曲直了。有些事情不能做，他们的内心其实是清楚的。但是，孩子内心的活跃和冲动占据了上风，除了想引起人们对自己的关注之外，他们还渴望展现自己、娱乐别人，这样的想法压倒了刚刚形成的理智的一面，因此，孩子不断制造麻烦，让家长哭笑不得，一点儿办法也没有。

小志今年八岁了，家长原本想着孩子大一点儿，自己就可以省点儿心了。事实却恰好相反，虽然小志现在许多事情都可以自己完成了，但是家长却觉得更累了，因为小志整天在家搞破坏，还经常搞恶作剧，弄得家长十分头疼。

前两天,邻居张阿姨跑来跟小志的妈妈告状,说是小志竟然带着几个小伙伴拿着彩笔在张阿姨家的白色小轿车上作画!硬生生地把白色的车画成了彩色的,张阿姨说了他们几句,就自己拿着抹布一点一点擦掉了。可是没想到,孩子们却越来越上瘾,最近天天在车上作画。张阿姨家没有车库,只能停在外面,结果每天出门前都要擦车,有些彩笔的颜料还不好擦,张阿姨只好请小志的妈妈来管一下,大家都知道小志是这一片的孩子王,孩子们都听小志的话。

这件事情妈妈还没有解决好呢,老师打电话来说小志经常在学校里搞恶作剧捉弄同学:把同桌的橡皮切成小兔子的形状;把后面小敏的雨伞藏起来,害得小敏没有伞淋着雨回家;在门上放一杯水,等谁推门进来就淋谁一身……老师找他到办公室教导过几次,但他就跟没听见一样,下次照样整别的同学。现在班里很多同学都不愿意和小志玩了,只有几个调皮的跟着小志一起捉弄别人。这给班里带来了很不好的影响。妈妈听到这些,直接找来小志就是一顿揍。可是刚揍完,小志就拿着自己做的弹弓出去玩了,跟没事人一样。

许多家长面对孩子的这种状况,都会和例子中小志的妈妈一样采用打骂的方式,希望孩子得到惩戒后不再犯错,但是,事实往往相反,有的孩子越打越皮,有的孩子是"好了伤疤,忘了疼",过不了几天,就会故技重施,依旧我行我素。

孩子爱破坏,家长怎么做

对于孩子的破坏行为,很多家长都会打骂孩子,这会让孩子更加叛逆。那么,家长应该怎么做呢?

1 有效利用奖励递减法则

对于孩子的破坏行为,可以选择时机"奖励"他,然后逐渐减少这种"奖励",让他心理失衡,这样往往会取得意想不到的结果。

2 采取先贬后褒的方式

孩子喜欢破坏,是因为孩子喜欢探索,这是孩子可贵的天性,家长可以先教育孩子不能破坏东西,但表扬孩子的探索精神,继而合理引导孩子。

3 释放孩子的表现欲

孩子爱破坏、爱搞恶作剧,是孩子的一种"表现欲",想要引起他人的注意。因此,家长可以尽量多给孩子机会表现自己,让孩子得到心理满足。

对于孩子的破坏行为,也体现了孩子的发现能力和创造力,只要合理引导,就可以既让孩子收敛又不破坏他们的这一天赋。

其实，恶作剧从心理学的角度来看，是孩子的一种"表现欲"的体现。孩子希望通过自己的恶作剧，引起他人的注意，从而获得一种"成就感"。爱动、爱搞恶作剧，是这个阶段孩子的共性，尤其是对于调皮的男孩来说。对此，家长不必过于紧张，对孩子的行为进行打压。换个角度想想，这样的行为正好说明孩子的脑子好用，十分聪明，如果这份聪明用在对的事情上，则对孩子是十分有利的。当然，如果孩子过于热衷搞恶作剧或者破坏活动，就需要家长耐心地和孩子谈一下，告诉孩子这样做的危害，让孩子把精力用在更有意义的事情上。

○ 拆装东西成了孩子的乐趣

似乎孩子到了这个年龄段，都喜欢拆拆解解，家里的很多东西都会遭殃，家长为此不得不经常买新物品，但是新买的过不了多久也会遭受同样的命运，因此，家长难免就会训斥孩子。

孩子为什么如此热衷于拆卸物品呢？其实，这是孩子的天性使然。孩子对于每一件东西都十分好奇，因此喜欢探索，对未知的世界充满了想要了解的渴望。只是有的孩子这种渴望表现得十分明显，而有的孩子则表现得不太明显。表现明显的孩子会动手拆装组合，想弄明白一些感到好奇的事情，比如为什么灯会亮，为什么不倒翁不会倒下，为什么手枪可以发出声响，为什么闹钟会到点就响……

由于孩子的考虑不全面，他们不会考虑拆完之后会面临什么,更不会想到如果装不回去会怎么样,只是在强烈的好奇心的驱使下进行着自己的探索。在探索中,孩子可能会找到答案,也可能找不到。总之,对于这种拆解,孩子总是乐此不疲。

小明玩具箱里的玩具几乎没有几件是完整的。虽然有的玩具看上去是完整的,但是跟刚买来的时候已经不一样了。就像那个陀螺,已经没有了下面的钢珠;还有那个会唱歌会动的小泰迪狗,如今只能唱而不会动了。这已经是好的了,至少表面上看跟买来的时候差不多,还有一些完全是面目全非,比如那套奥特曼,已经缺胳膊少腿了。

这些都是小明自己拆装的,每次买来新玩具,没过几天,小明就会用螺丝刀开始探秘之旅。对于拆卸玩具,小明十分在行。一般的玩具,小明几分钟就会拆卸完成,零件会一件一件地摆开来。别看小明刚七岁,什么二极管、电路板、电极正负、小喇叭这些东西他都懂,看来这些玩具也不是白拆的,小明可是从中学到不少知识呢。

但是很多时候,即使有爸爸的帮忙,小明还是不能将东西重新组装回去,这样一件玩具就报废了,为此妈妈没少说小明。可是,看到新鲜的东西,如果不拆开看看,小明就手痒痒。但是对于家里平时用的东西,妈妈明确规定不能拆,所以小明只能对玩具下手了。

爱拆东西是孩子的天性

有的孩子从小就有很强的探索欲望,喜欢拆解各种各样的东西。对于这样的孩子,家长该如何做呢?

1 满足孩子的拆装欲望

喜欢拆装的孩子一般探索和思考能力比较强,家长应该保护孩子的这种天性,在合理的范围内允许孩子拆装,引导孩子思考。

2 保证孩子的安全

孩子还不能分辨哪些是危险物品,哪些不是。因此,家长要提醒孩子注意安全,带电的物品或者比较大型的电器最好不要让孩子拆解。

> 家长既要满足孩子的拆解欲望,让孩子在拆解过程中学会更多知识,同时更要保证孩子的安全,做到这两方面兼顾,孩子才能快乐成长。

有些家长看到孩子把东西弄坏了就会教训孩子,其实,孩子在拆装的过程中,也许就能解答自己的疑问,从而学到知识,并在自己操作的过程中,锻炼动手能力和思维能力,开发内在潜能，这对孩子以后的成长和能力的培养都是十分有利的。因此，家长应该积极引导孩子的动手能力，而不是看到东西坏了就对孩子非打即骂，这不仅会扼杀孩子的探索天性，还会伤害孩子的自尊心，这样的教育很难培养出杰出的人才。

有的孩子确实是因为好奇才拆东西，但是也不排除有的孩子生性顽皮，喜欢搞恶作剧，还有的孩子对于家长的一些做法感到生气，由于不敢直接叫板家长，只好对物品下手，发泄自己的怒气。这些都有可能成为孩子拆东西的原因。因此，面对孩子的某种行为，家长要寻找其背后的真正原因，然后根据不同原因，找出对策，从而正确合理地引导孩子的行为。

○ 孩子过分自私自利要不得

自私，似乎是许多孩子都存在的问题。虽然孩子已经七八岁了，但是这个年龄段的孩子往往会单纯地认为"我即世界"，无论做什么事情都是以自我为中心，对自己过分关心，不会顾及其他人的感受。自己的东西绝不与人分享，但是对于别人的东西却很喜欢占为己有。

对于这样的孩子，家长也很无奈，明知道自私不好，想好好教育孩子，可是教育得太重，孩子就会大哭不止，到最后还要去哄孩子；教育得太轻的话，孩子就会当作没听见，起不到什么作用。因此，常常让家长不知道该如何教育孩子。

小梅是家里的小霸王，爸爸妈妈平时忙于工作，很少对小梅进行管教，而爷爷奶奶只要小梅高兴就好，什么都迁就小梅。从小，爷爷奶奶就听不了小梅哭，只要她一哭就心疼，因此，小梅想要什么，爷爷奶奶马上就会给她；想要买什么，爷爷奶奶立刻就给她买；有什么好吃的，只让小梅一个人吃。渐渐地，小梅形成了十分自私的性格。

一个周末，妈妈做了好多好吃的，大家围着桌子开始吃饭，小梅拿筷子在菜盘里翻翻找找，每一盘菜都要翻一下，看到肉就放到自己碗里。妈妈看到后，生气地说："小梅，怎么能把肉都给自己吃呢？爷爷奶奶还有爸爸妈妈也喜欢吃肉啊。"小梅就当没听见一样继续把肉夹到自己碗里，妈妈见状，便用自己的筷子夹住小梅的筷子不让她继续夹肉了。这下小梅不高兴了，向奶奶求助道："奶奶，我要吃肉，妈妈不让我吃！"小梅说着，就哭了起来。奶奶赶紧夹了块肉给小梅，还说道："让你吃呢，我们都不吃，都给你吃，不要哭了啊。"

除了吃的，小梅的玩具也是一样。小梅特别喜欢芭比娃娃，所以爸爸妈妈给她买了很多芭比娃娃。如果有小朋友来家里玩，小梅就会带着小朋友参观她的芭比娃娃群，但是从来都不肯让小朋友玩。有时小梅自己拿着芭比娃娃玩，却让别的小朋友站在一边看。只要有人碰一下芭比娃娃，小梅就会大叫："不要动，给我弄坏了怎么办？"结果别人看一会儿觉得没意思就走了。

正确教育孩子的自私行为

现如今,家长的溺爱让孩子想要什么就有什么,不会关心考虑他人,只顾自己。因此,想要改善孩子的自私行为,家长首先要改变自己的教育方法。

1 不给孩子搞特殊待遇

家长要把疼爱和严格要求结合起来,让孩子知道自己和别人一样,没有任何不同,无论什么时候都不要给孩子搞特殊待遇。

2 拒绝孩子的不合理要求

人的欲望是滋生自私的根由。因此,面对孩子的不合理要求,家长要果断拒绝,就算孩子哭闹也绝不迁就。

在日常生活中,家长要根据具体情况,教会孩子学会分享,逐渐帮助孩子改掉自私、小气的毛病。

慢慢地,别的小朋友就不来找小梅玩了,而小梅只好自己跟芭比娃娃玩了。

妈妈也说过小梅很多次了,让小梅和别人一块儿玩,不要太自私,小梅都是不高兴地说:"我的娃娃为什么要给他们玩?"妈妈听了,十分无奈:真不知道如此自私的小梅以后该怎么交朋友!

众所周知,谁都不喜欢和自私的孩子玩。孩子总是拿别人的东西却不肯分享自己的东西,有哪个小朋友会跟这样的人一起玩呢?因此,太自私的孩子往往人缘很差,很难交到知心朋友。所以,家长不可对孩子的自私行为过于放纵,而应在发现苗头的时候,就采取积极的措施,用正确的方式方法教育和引导孩子。对于七八岁的孩子来说,其可教育性很强,只要家长认真对待,方法得当,就可以教育好孩子。

那么,是什么造成孩子的自私心理的呢?一个原因是孩子天生的利己倾向。七八岁的孩子,心理发育还不成熟,他们往往会认为"我即世界",这是孩子在这个年龄段心理发育的正常表现。另一个原因是家长的溺爱。家长对孩子从小就无限迁就、万般宠爱,使得孩子的自我意识观念增强,感觉任何事情任何人都要以他为中心。如果做不到,孩子就会大哭大闹。许多家长看到孩子哭闹,不管孩子的要求是否合理,都会无条件答应孩子。时间长了,孩子就会形成以自我为中心的个性倾向。

家长要了解孩子自私心理产生的原因,如果是第一个原因,随着孩子年龄的增长会逐渐得到改善。如果是第二个原因,家长就应该改变教育方法,注意自己疼爱孩子的方式,积极引导孩子,让孩子逐渐得到改善。

○ 孩子常常欺负弱小怎么办

生活中,我们经常会看到七八岁的孩子,尤其是男孩子会欺负比自己弱小的孩子,明明别人没有触碰他,他却要去推别人一把,或者故意把别人的玩具抢过来玩,如果别人稍有不满,他就会动手揍对方。面对这样欺负弱小的行为,有的家长会当着受欺负孩子家人的面打自己孩子几下,有的家长害怕教训了孩子,以后孩子变得懦弱了,反而被别人欺负怎么办?因此,常常陷入两难之地。

文博是这一片出了名的小霸王,附近的孩子都要听他的才行,谁要是不听,文博就会欺负人家,不是把人家的玩具故意摔坏,就是和别的小朋友合伙捉弄人家。之前有好几个小女孩都被文博拽过辫子,现在,附近的小女孩都不敢来这边玩了。

在学校,文博是班里的"老大"。虽然文博学习成绩不好,但是他个子高长得壮,在班里打架没有人能赢他。因此,他看谁不顺眼就故意找碴儿,经常把看着不顺眼的叫到教室后面,让人贴着墙站着,还把书放在人家头上顶着,只要书掉下来了,文博就会用书打人家几下。所以,在班里,没人敢惹他。刚开始,有几个同学不堪被他欺负就去告诉班主任,可是班主任批评教育文博之后,文博还是我行我素,还会把打小报告的同学再狠狠揍一顿。从此,同学们只得忍气吞声,都不敢告诉班主

引导孩子改正欺负弱小的习惯

孩子的人生本是一张白纸,对社会的态度和为人处世的原则都是在家庭的氛围中慢慢培养出来的。因此,家长的教育对孩子来说十分重要。所以,对于孩子的一些不良行为,家长要及时引导,帮其改正。

1 不要经常打孩子

对于孩子恃强凌弱的行为,家长如果采取打骂的态度,和孩子的行为有什么两样呢?如此不仅不能制止孩子,反而会使孩子更加反抗和霸道。

2 培养孩子的爱心

在生活中,家长要用自己的言行去影响孩子,教会孩子有爱心。因为有爱心的孩子一般不会霸道,不会恃强凌弱。

七八岁的孩子认知力还比较弱,知识经验少,因此,只要家长在生活中利用一些琐事慢慢引导孩子,就能教会孩子与人为善,不恃强凌弱。

任了。

孩子不可能无缘无故就会变得如此"残暴",在孩子欺负弱小的背后,一定是有原因的。

其一,家长的溺爱容易让孩子形成自私的心理。家长事事以孩子为中心,对孩子百依百顺,有求必应,会让孩子逐渐形成自私、蛮横、跋扈的性格。在孩子与其他小朋友交往的过程中,不可能事事顺心,但是孩子已经习惯了什么都要符合自己的意愿,因此,当要求得不到满足时,就会恃强凌弱以求得到满足。

其二,孩子会对暴力行为和家长的粗暴行为进行模仿。孩子的好奇心很强,但是没有分辨是非的能力,比如影视作品中的暴力行为会对孩子产生影响。另外,如果家长经常采用打骂等暴力行为教育孩子,就会让孩子在潜移默化中形成蛮横、粗暴的性格。孩子一旦面对比自己弱小的孩子,就会通过欺负他们来显示自己的强大。

家长一旦发现孩子错误行为的苗头,就要引起重视,应给予孩子更多的温暖和关怀,耐心教育和帮助孩子,让孩子认识到这种行为的错误性,从而加以改变。

○ 打架是孩子间的正常现象

七八岁的孩子总是喜欢和小朋友一块儿玩,不再喜欢跟爸爸妈妈等大人一块儿玩。而在和小朋友玩的过程中,往往少不了会打架,有时一天能打上好几次。

家长每次看到孩子们扭打在一起,就会特别紧张,生怕自己的孩子受伤,也害怕孩子把别的孩子弄伤。更为夸张的是,过不了多久,孩子们就会和好如初,又在一起玩了。

其实,孩子之间这样的打架行为是一种十分正常的现象,是每个孩子在成长的过程中必不可少的经历,也是孩子学会交际的一个重要课程。因此,家长面对孩子的打架行为,一定要理智对待。

小刚的妈妈最近总是寸步不离地跟着小刚,因为小刚总是打架惹事,为此,好几个家长都来找过小刚的妈妈告状。但是,这个年龄段的孩子不可能关在家里不让出去,小刚就是愿意出门找小朋友玩,妈妈只好跟在小刚身边看着,只要孩子举起手来有要打人的架势,妈妈就赶紧过去制止。

前几天,小刚到小区的广场上玩。广场有一个滑梯,小朋友们都喜欢爬上去玩,小刚也不例外。可是,小昭堵在往上走的小台阶上,小刚就一把将小昭推开了,由于小昭毫无防备,便直接从台阶上摔了下来,好在地上是沙堆,小刚没有摔伤,但是小昭生气了,就从后面拽住小刚往上爬的脚,把小刚拖了下来。之后,两个孩子扭打在了一起。等大人把他们两个拉开时,小昭的脸已经被小刚抓破了,小刚则是灰头土脸的,只是脸上没有伤。回到家后,妈妈批评了小刚,告诉他不要打架,要不

纠正孩子爱打架的习惯

虽然打架是十分正常的事情,但是家长并不希望自己的孩子经常打架。因此,在日常生活中家长就要教孩子一些友好的行为,让孩子尽量保持冷静,减少打架行为。

1 让孩子多与小朋友接触

让孩子多和小伙伴玩,在玩中让孩子学会如何和朋友相处,逐渐形成良好的人际关系。

2 让孩子自己解决

如果孩子打架了,只要没有危险,家长尽量不出面,而是让孩子自己解决,通过纠纷,让孩子学会处理各种争执。

3 不教孩子以牙还牙

孩子挨打后,不要教他以牙还牙,这会让孩子认为打架这种处理方式是正确的,可能会让孩子更加具有攻击性。

就没有小朋友喜欢他了。

可是，第二天出去玩的时候，小刚又跟另外一个小朋友打架了，这次是个小女孩，小刚把人家的辫子扯歪了，小女孩就使劲地打了一下小刚的手臂，结果小刚抓起一把沙子扬到了小女孩的身上，小女孩气不过，捡起一根树枝去打小刚，小刚却迅速跑开了，小女孩坐在地上只是大哭，小刚则跟没事人一样到别处玩去了。小女孩的妈妈找到小刚的妈妈理论，小刚的妈妈赔了好多不是，人家才怏怏地走开了。

七八岁的孩子还不懂得社交技巧，也不懂得如何和小朋友进行分享，更不懂得合作。他们玩到一起了便是好，一旦发生分歧，往往不知道该如何表达，都想着让对方听从自己的，意见无法达成统一，孩子就会选择用打架的方式来表达自己的不满。有的孩子从小娇生惯养，受不了一丁点儿委屈，要是别人不围着他打转，他就会生气，就会选择动手打架。

说到底，孩子打架是十分正常的事情，家长不要大惊小怪，孩子在打架中可以学会以适当的方式与他人相处，逐步完善处理、协调人际关系的能力，同时也能锻炼孩子的意志和坚强的性格。这比家长单纯的说教要好得多，家长的说教孩子往往听不进去，而通过打架，孩子有了切身体会，往往更容易理解。当然，这并不是在鼓励孩子打架，只是说在孩子打架的时候，家长不要过于担心，尽量让孩子自己解决和处理。

第三章
耐心培养孩子的健康人格

○ 孩子爱慕虚荣、喜欢攀比要不得

每个人都会有一定的虚荣心,七八岁的孩子也不例外。这个年龄段的孩子对是非的辨别能力还比较弱,和小朋友们一起玩的时候,很容易在彼此的影响下形成攀比心理,互相比较,其实这就是孩子的虚荣心。由于这个年龄段的孩子有着很强的"表现欲",非常希望引起他人的注意和羡慕等,因此,他们会用自己新买的玩具或是新买的漂亮衣服等吸引大家的目光。这就无形中让孩子逐渐形成了攀比和虚荣的心理。

攀比心理是一种不愿落后于人、争强好胜、物欲很强的内心情感的综合流露。长时间的攀比,会让孩子形成很强的虚荣心,这对孩子的成长会产生不利的影响。如果家长放任不管,就会让孩子变得"六亲不认",只认物质,甚至会使孩子在成长的过程中出现更加严重的状况。

青青是个十分漂亮的小女孩,学习成绩很好,老师和同学都很喜欢她。青青的家庭条件不是很好,父母都是从农村出来

如何纠正孩子的攀比心理

1. 不要放纵孩子的消费欲

不管家里条件如何,都不能放纵孩子的消费欲,要有目的、有计划地引导、纠正孩子爱慕虚荣的坏习惯。

2. 给孩子灌输节俭的观念

在日常生活中,告诉孩子挣钱不容易,告诫孩子从小要勤俭节约不浪费。

3. 改变孩子攀比的兴奋点

孩子攀比是因为孩子有竞争意识,家长可以引导孩子从比吃穿、比消费,转移到比学习、比卫生等好的方面。

4. 家长要以身作则

十八岁的孩子离不开家长正确的教导,家长的一举一动都会对他们产生影响。因此,家长要首先放下攀比心理才能更好地教育孩子。

打工的，她还有一个刚上幼儿园的弟弟。爸爸妈妈有点重男轻女，因此什么好东西都给弟弟留着，常常给弟弟买新衣服，却让青青穿表姐不穿了的衣服。

青青班上的同学大多数家庭条件比青青家要好，他们的文具比自己的高级。另外，女同学穿的衣服都很漂亮，青青羡慕极了。青青不想让人看不起，每次穿表姐的衣服都觉得十分难受，就央求妈妈给自己买新衣服。妈妈有时会给青青从地摊买件便宜的衣服，而青青却跟同学说是从商场买的。

青青看到同学们有很多时尚的发卡或是文具十分羡慕，她跟妈妈说了好几次，妈妈都没答应给她买，青青就偷偷地拿同学们的东西，但是不敢在班上用，就藏在家里，周末时再拿出来用。有时，青青还拿同学们放在书包里的零花钱，然后去买自己喜欢的东西。青青买的都是一些小玩意儿，而且都是藏起来，有时悄悄拿出来玩一下。因此，妈妈一直没有发现青青新添的东西。

直到有一次，青青趁着同学们都在美术教室忙着作画，又去偷同学书包里的钱，被一个回教室拿东西的男生看到并告诉了老师，青青的妈妈才知道女儿竟然偷东西！要不是被同学发现，不知道这样下去青青会发展成什么样呢，妈妈想想就觉得后怕。

....

才上小学的一个女孩，为了和同学攀比，就开始偷东西，小偷小摸也可能会因此收不住手,这样下去等待青青的会是什么呢?

因此,面对孩子的攀比、虚荣心理,家长一定要加以重视,及时帮助孩子消除这些不良的心理,让孩子学会正确比较。

当然,孩子能够形成这样的心理,和家长也有一定的关系。因为许多家长本身就存在着攀比心理和攀比行为,在父母的影响下,孩子难免会形成攀比和虚荣心理。或者是有的孩子家长害怕自己的孩子会被人瞧不起,就对孩子无条件的满足,这无疑助长了孩子的攀比心理。

七八岁的孩子对事物缺乏正确的判断和分析能力,那些不健康的心理必然会对孩子产生消极的影响,从而影响孩子的成长过程。因此,如果孩子出现了攀比、虚荣心理,家长一定要认真对待,加以引导,采取正确的方式纠正孩子的不良心理。

○ 孩子的嫉妒心开始变强

许多家长都会听到孩子和自己讲学校里的同学或者是小伙伴的事情,比如:

"妈妈,张薇今天穿了件新裙子,大家都围着她看,可是那件裙子一点儿也不好看。"

"妈妈,我同桌作文比赛得了个二等奖,可是那个作文其实写得不怎么样,不知道怎么评的!"

"爸爸,小伟有一个新的飞机模型,那个肯定是照咱家的这

正确引导孩子的嫉妒心理

其实每个人都有嫉妒心理，只是孩子不懂得掩饰。所以，当孩子表现出嫉妒的时候，家长不要否认孩子的感受，而是承认和接受。但是，家长要尽量帮助孩子减少嫉妒心理的产生。

1 帮孩子建立自信心

缺乏自信心的孩子更容易嫉妒别人。因此，家长可以引导和鼓励孩子，增强孩子的自信心，从而克服嫉妒心理。

2 不要把孩子和别人对比

与其他人进行比较会让孩子的内心受到很大伤害，还会让孩子对家长表扬的孩子产生强烈的嫉妒心理。

孩子的嫉妒心理随时都有可能冒出来，我们不可能去消灭它，最好的方法就是让孩子增强自信，尽量减少嫉妒心理冒出来的频率。

个买的。"

这些都是孩子在嫉妒自己的同学或朋友。其实和大人是一样的,七八岁的孩子也会有嫉妒心,而且他们的嫉妒心还很强烈。当别的小朋友能力比自己强、东西比自己好、衣服比自己的漂亮时,他们都可能会产生嫉妒心理。就算是自己最好的朋友,他们也会嫉妒。

有一天,慧慧忽然跑回家对妈妈说:"妈妈,我也要一条和倩倩姐姐一样的花裙子!"妈妈正忙着做饭,只是随口答应了一声,并没有当回事。慧慧看到妈妈答应了,就高兴地出去玩了,还特意换上了妈妈前几天刚给她买的公主裙。

吃完饭后,慧慧对妈妈说:"妈妈,我们已经吃完饭了,现在去商场吧。"原来慧慧还想着裙子的事情,妈妈却不知道她为什么要去商场。慧慧说是去买花裙子,妈妈说这才刚给她买了公主裙,为什么还要买花裙子呢?

原来是倩倩新买了一件花裙子,其他小朋友都说好看,都围着倩倩问这问那的,慧慧被大家忽略在一边了。由于慧慧长得漂亮,平时大家都是围着慧慧团团转的。慧慧被倩倩抢了风光,心生嫉妒,非让妈妈也给自己买一条花裙子。妈妈没有想到,面对好朋友倩倩,女儿还这样嫉妒她。才八岁的孩子,怎么就有这么强的嫉妒心呢?

孩子的嫉妒心就是对某些条件比自己强或者比自己优越的孩子怀有的一种不安、痛苦或者怨恨的情感。就像例子中所说的，因为倩倩穿了新裙子，结果比慧慧受大家的欢迎，慧慧就对此产生了嫉妒心理，希望自己马上也有一条花裙子。七八岁的孩子都爱争强好胜，希望自己什么都比别人好，让大家都关注自己、羡慕自己。如果别人做得好，受到表扬或夸奖，他们就会认为是因为自己差才会如此。他们只会想到要让别人比自己差才行，而不会想到要通过自己的努力超越别人。

这个时期的孩子非常在意别人对自己的评价，尤其是家长的评价。而家长常常拿孩子和其他孩子做比较，说他不如别人的哪些方面，希望孩子去学习对方的优点。但是，家长忽略了这个年龄段的孩子的情感是十分脆弱的，他们还无法承受这样的对比，如果家长说自己哪里不如别人，他们就会觉得是家长不爱自己，更爱那个孩子，因此对所谓的"那个孩子"产生强烈的嫉妒心理。

另外，许多家长在孩子做成一件事情后就会表扬孩子，希望增强孩子的自信心。殊不知，过多的表扬会让孩子的自信心膨胀，从而产生骄傲的情绪，认为自己就是最好的，一旦有人比自己更好，就会无法接受，继而产生嫉妒心理。而嫉妒心理一旦产生，如果不加以控制和引导，则会对孩子产生不利的影响。因此，如果孩子产生了嫉妒心理，家长应该及时与孩子沟通，帮助孩子疏导情绪，引导孩子健康、正确地与人竞争。

○ 孩子的自尊心强，不愿接受批评

孩子虽然小，但是"人小鬼大"，他们有自己的想法，也有很强的自尊心，而家长在潜意识中经常会对孩子的世界持一种轻视的态度，认为孩子懂的东西太少，很容易犯错，对世界的认识太过于单纯。因此，家长往往以防止孩子走错路为由，不知不觉地充当了孩子成长的指挥官，想要控制孩子的思想和行为。

一般来说，孩子小时候会对家长有一种"盲从"，但是到了七八岁，孩子有了自己的思想，有时他们的认知会和家长的不同。如果家长强行让孩子听从自己，认为孩子做错了事，继而批评孩子，孩子可能就会受不了家长的批评，因为他们认为自己没有错，而家长一味地批评会让孩子的自尊心受到伤害。

对于七八岁的孩子来说，自尊心强是他们的普遍特点，也是孩子成长过程中必定会经历的阶段。

....

小波是个小学二年级的学生，别看是个小男生，但是特别爱面子，什么事情都想尽力做好，其实就是为了能受到表扬。小波无论是在家里还是在学校，表现都比较出色，成绩也不错，所以家长经常表扬小波，很少会批评他。可是这么大的孩子活泼好动，难免会做错事，家长只要大声说他几句，小波就会红着脸躲到一边偷偷哭。

有一阵子，小波喜欢上了玩手机游戏，整天拿着爸爸或者妈妈的手机玩，有时连作业也没做就开始玩游戏，妈妈说："作业也不写，就知道玩！"小波就会不高兴地说："我就玩一会儿，反正每次不都是会完成作业的吗？"

有一天，妈妈的手机停机了，充了50块的话费还是停机，妈妈就又充了100才可以用，于是妈妈打电话问客服，说是业务费还有当月流量超了扣的钱。妈妈一想，肯定是小波玩游戏不知道点了什么让手机多开了业务，流量应该是小波在家不知道用无线网，而是用的手机流量。

想到这里，妈妈生气地来到小波的房间，对小波说："说说你干的好事！你玩妈妈的手机时都干什么了？怎么扣了100多块钱？"

小波正在写作业，疑惑地说："我没有点别的，都是玩以前的游戏啊。"妈妈也不听小波的解释，就认定是他干的，狠狠地教训了小波一顿。小波委屈地哭了好久，晚饭也不肯吃，妈妈后来给小波道歉了，可是小波还是不肯原谅妈妈，好几天都没和妈妈说话。

孩子自尊心强的话，就会特别重视家长、老师和同学的评价，生活中也会十分要强。因此，如果家长批评孩子，否定孩子，打击孩子，孩子就会接受不了，情绪容易受到别人评价的影响。就像例子中的小波一样，被妈妈批评以后情绪就会低落，好几天才能缓和过来。

孩子自尊心太强怎么办

七八岁孩子的自尊心太强可能会对孩子造成不利的影响。因此，家长应当想办法给孩子的自尊心"降降温"。

1 表扬与批评双管齐下

家长的一味表扬会让孩子自尊心膨胀，从而接受不了批评。因此，对于孩子的教育，家长不能只是注重表扬，适当地批评一下孩子，给孩子面对错误的勇气。

 冷处理

孩子自尊心受挫时，家长不必立即做出反应，否则家长的敏感会强化孩子的自尊心。这时可采取"冷处理"的方式，不给予特别关注，让孩子自己教育自己。

对于自尊心过强的孩子，家长不必过于担心，只要正确引导孩子，就可以帮助孩子正确认识自己，认识别人，从而健康成长。

孩子自尊心太强的话，就不能看清自己的短处，还容易看不起别人，觉得自己是最优秀的，有时甚至为了维护自己的"优秀地位"而想方设法贬低别人、打击别人。这对于孩子的成长和交友都非常不利。

因此，对于自尊心太强的孩子，家长既要维护好孩子的自尊心，又要想办法引导孩子，让孩子保持一种平和的心态，清楚认识自己的短处和别人的长处。另外，家长在批评孩子的时候，不要一味地贬低孩子，而是应该给孩子一些实际的意见和建议。

○ 孩子总是有各种借口和理由

七八岁的孩子正处于叛逆期，加上他们思考问题不全面，因此，犯错误是在所难免的。那么，孩子在犯错误之后又不想让别人批评自己，会怎么做呢？

一般来说，孩子会想办法为自己辩解，想在众人面前维护好自己的形象，为自己的行为找理由和借口，这是七八岁孩子的一种下意识的、被动的自我保护的行为。孩子之所以会找各种理由和借口，在很多时候是想掩饰自己的错误，继而避免受到家长或者其他大人的批评与惩罚。

皓轩今年刚刚七岁，平常很爱说话，脑子十分灵活。妈妈说一句，他就有十句话在等着。别看他才上小学二年级，却常常把爸爸妈妈说得哑口无言。

皓轩的家长都是大学毕业，因此对孩子十分民主，有什么事情都会跟皓轩商量，而且也会听皓轩的想法。但这样使得皓轩总是有很多借口，就算是自己做错了，也会找到理由为自己辩解，说的时候面不改色心不跳，就跟事情原本就是这样的一样。

有一天放学后，皓轩没有直接回家，而是到洋洋家去玩了。到了晚饭时间还没有回来，妈妈电话到洋洋家，浩轩说自己一会儿就会回来，结果一个小时过去了还不见回来。眼看天要黑了，妈妈就到洋洋家去找了，到了之后，发现皓轩和洋洋一起躺在沙发上看动画片，地上还散落着玩过的玩具。

妈妈带皓轩回家之后，问道："你答应马上就回来，怎么一个多小时过去了都不见回来，还在人家家里看电视！不会回家来看吗？"

皓轩却说："洋洋说让我陪他玩，我已经答应了，怎么能失信呢？你不是一直说答应了别人就要做到吗？"

妈妈十分生气却又没有话说，就对皓轩说："那你在做客，怎么把玩具乱放，这样别人还要收拾，多没有礼貌啊？"

皓轩一边躺到沙发上，一边告诉妈妈："哪有做客的人自己收拾的道理啊？别人到我们家，我们怎么好意思让别人收拾，当然应该是主人收拾了。"

听到皓轩这样说，妈妈是又生气又担心，担心他长大以后这样"能言善辩"，不能认识到自己的错误。

巧妙应对孩子的辩解

为自己的错误找各种各样的理由,是这个年龄段孩子常做的事情,面对孩子的辩解,家长不要简单压制,也不要和孩子较劲,而是要学会通过一定的方法引导孩子,让孩子认识到自己的错误,并能改正。

❤ 1 宽容对待孩子

很多孩子之所以为自己找理由,是因为害怕受到惩罚。因此,家长不妨对孩子宽容一点儿,如果孩子知道自己说出实情家长会宽恕自己,孩子就不会找理由掩饰了。

❤ 2 给孩子明确的指示

如果只说几分钟,孩子可能没有什么概念,到时候也有狡辩的空间;如果明确说十分钟、五分钟,孩子就无法狡辩了。

❤ 3 家长应保持态度一致

大多数家长认为,严慈相济才能教育好孩子,因此出现了很多"慈母严父"的现象。但是父母的教育态度不一致就会给孩子辩解的机会,造成孩子狡辩的行为。

浩轩年纪这么小就如此善辩,一点儿也不肯承认自己的错误,总是有理由为自己做的事进行开脱。其实,许多像皓轩一样大的孩子都知道为自己的行为找借口,目的是逃过别人的批评,维护自己不受到惩罚。

孩子找的各种理由和借口,家长往往一眼就可以拆穿,却又对孩子无可奈何,因为孩子是用家长平时教导自己的道理来反驳家长。当然,孩子可能理解有偏差,但也不乏是孩子明明懂得道理,却故意曲解家长的意思。

其实,家长可以从另一方面来看待问题,孩子开始知道为自己的行为辩解,说明孩子已经明白是非对错,他们期望自我完善,想要做一个好孩子,想要别人从正面评价自己。这个想法是好的,只是孩子往往会比较偏执,想让别人对自己有好的评价,就会故意去找理由掩饰自己的错误。这其实是孩子有了自己的思想,对事物有了一定的判断能力的标志。因此,面对孩子的种种狡辩,家长也不要一直压制孩子。但是,如果孩子养成了能言善辩、自作主张的习惯,就比较难听取别人的意见,做事情的时候就会一意孤行,这对孩子的成长会形成不利的影响。

值得注意的是,孩子毕竟还小,许多道理不能理解透彻,家长也不必过于担心,只要家长及时合理引导孩子,就能帮助孩子改掉爱找借口和理由的不好习惯。

○ 大人说话，孩子爱插嘴

有时候，家长正在和别人聊天，孩子忽然从旁边插上一句，偶尔一次还可以容忍。但是，有的孩子却十分爱插话，大人在谈正事，孩子却不停地打断双方谈话，这样既显得孩子十分没有礼貌，家长往往也觉得特别不好意思。

这个年龄段的孩子爱插嘴，属于正常的心理现象。七八岁的孩子好奇心强、活泼好动，他们对任何事情都充满了兴趣。但是，因为年龄比较小，接触的知识不多，却偏偏有很强的求知欲，因此，当孩子听到大人的谈话，对于一些内容感到十分好奇的话，孩子就会迫切地想要解决自己心中的疑问，于是就会打断大人的对话提出很多问题，希望得到大人的回答。

这正是孩子获得知识的一种途径，是孩子思维训练的一个机会。有的家长面对孩子的爱插话往往会感到不耐烦，其实，虽然孩子爱插话让人有点烦恼，但是孩子获取知识也十分重要。家长应该想办法既要保护好孩子的求知欲，又避免孩子的不礼貌行为。

姗姗非常聪明，很爱学习，总是一点就通。因此，已经上小学的姗姗学习成绩很好，经常受到老师的表扬。但是，姗姗有一个让家长十分头疼的问题，就是爱打断别人的聊天，会不停地插话。

妈妈和同事小张住在同一个小区，因此，小张经常会来找姗姗的妈妈聊天。有时会聊一些家长里短，有时会聊一些工作上的事情。姗姗很喜欢小张阿姨，每次小张阿姨来家里，姗姗都会坐在旁边，听妈妈和小张阿姨聊天，听着听着，姗姗就会插嘴问上几句。小张阿姨觉得姗姗十分可爱，每次都会回答姗姗的疑问。妈妈则觉得大人说话，小孩子总是插嘴不礼貌，有时会教育一下姗姗，可是小张阿姨还会替姗姗说几句好话。

有一次，小张阿姨家里出了一点事情，便来找姗姗的妈妈诉苦，正巧姗姗也在家。于是，姗姗就在旁边听，还是和往常一样，不时地说上几句。这次，小张阿姨很伤心，没怎么理会姗姗，妈妈也觉得姗姗太没有礼貌，就大声说了姗姗几句。姗姗看妈妈真生气了，就噘着嘴到旁边玩去了。可是，不一会儿，姗姗又回来了，而且继续插嘴。这个不断被打断的场景让妈妈头疼不已。

孩子爱插嘴往往是想引起家长的注意。家长在和别人谈话的时候，由于孩子没有受到关注，就想通过自己的言语引起家长的关注，想让家长的视线落在自己身上，因此就会打断大人的对话。这个时候，家长不妨包容一下孩子，给孩子一个表现的机会。当孩子真的表达出自己的观点，并且观点十分新颖、正确的时候，家长可以适当地给孩子一些鼓励，以便让孩子多多思考。

但是，过分的插话毕竟是不礼貌的行为，家长不能听之任

引导孩子改正爱插话的习惯

爱插话的孩子，一般思维比较活跃、反应敏捷，善于表达自己的思想，这是一种良好的人生态度。但是，爱插话也是一种不礼貌的行为。因此，家长需要正确引导孩子改掉爱插话的习惯。

❤ 1 不能一味地压制

孩子爱插嘴的话往往会使家长的谈话受到干扰，许多家长对孩子警告之后就会大吼孩子，这样会挫伤孩子的自尊心，扼杀孩子的独立见解。

❤ 2 利用机会加以启发和诱导

可以利用发生在孩子身边的事情来教育他们，让孩子受到启迪。

之，就像姗姗在小张阿姨遇到问题想要找妈妈倾诉一下，这个时候姗姗还一直插嘴的话，就显得不懂事了。此时，家长可以在事后委婉地告诉孩子刚才的插话行为是不对的，是不受大家欢迎的，这样孩子会比较容易接受。也可以在事前就和孩子约定好，尽量不要插话，如果实在想说，可以给家长一个暗示，让家长找个机会，想办法让孩子发表自己的意见。这样，既显得有礼貌，又可以给孩子机会表现自己，引发孩子更多的思考，一举两得。

如果孩子的插嘴让家长感到是一种干扰，是一种不礼貌的行为，在经过屡次警告无效之后，许多家长就会对孩子大吼一声："闭嘴！大人说话，小孩子别插嘴！"殊不知，这样一句责骂，很可能会挫伤孩子的自尊心。

善于表达自己想法的孩子虽然讨人喜欢，但是，不分场合的插话就会让人厌烦了。因此，家长一定要教育孩子学会倾听，告诉孩子，只有当别人的话告一段落或是询问自己的意见时，自己才能说话。

对于爱打断别人说话的孩子，家长不能进行过分的压制，不重视孩子的意见，这样，孩子很容易就此自我贬低。然而，当孩子发表自己意见的时候，可能家长并没有听清楚他们说的是什么，只是因为插嘴这一行为，就被家长责骂，这会让孩子对于大人之间的谈话不再去听，也不再去想了，会让孩子失去宝贵的思维训练的机会。

因此，无论孩子插嘴的原因是什么，我们都要用积极、平静的心态去对待。大多数情况下，孩子插嘴只是想表达自己的观点，为了引起家长的注意，只是他们还不懂得找准时机。这时，家长应该包容孩子，不妨给孩子一个"表现"的机会，允许孩子发表一下自己的看法。不过，在谈完话以后，家长应该委婉地向孩子指出他刚才随便插话的行为是不对的，是很不礼貌的。这样，孩子就比较容易接受家长的批评，因为孩子心理上的"表现欲"已经得到了满足。

第四章
关注孩子的学习状况

○ 孩子上课不认真听讲怎么办

　　七八岁的孩子已经上小学了，许多家长都十分关注孩子的学习状况，只要孩子开始上学，孩子的学习就是全家最重视的事情。但是，许多孩子并不会让家长省心，他们在课堂上不认真听讲，总是做小动作，或是小声和同桌聊天，结果学习成绩不是很好。家长难免有些着急，学习这么重要的事情，孩子为什么就不能认真对待呢？

　　七八岁的孩子已经有了一定的自我控制能力，可以初步控制自己的情感和动作等，但是孩子的年龄还小，这种自控能力十分有限，常常会不稳定，孩子更容易受到其他事物的影响而分散注意力。这是孩子在这个年龄段的整体特点，所以，想要让孩子全神贯注地听完一节课是十分困难，甚至可以说是不可能完成的任务。

　　小熙上小学二年级了，成绩在班里处于中下游，爸爸妈妈平常在家都会给孩子补习一下，但是效果并不是太理想，没有取得很大的进步。于是，妈妈就到学校找了小熙的老师，希望从老师那里了解小熙在学校的学习状况。

老师对小熙的妈妈说，小熙在上课的时候几乎没有一节课会认真听讲，总是有做不完的事情。除了偶尔有一些小熙可能感兴趣的课，小熙会听上几分钟之外，其他的课很少端坐着好好听讲，有时一整节课都不会听。小熙总是看看这边，看看那边，窗外要是有只小鸟什么的，小熙能看上好几分钟，直到小鸟飞走。就是桌上的文具他也能玩上半节课。老师看到了，有时会批评小熙几句，他就老实一会儿，但是接着又会被别的东西吸引，就是不好好听课。

了解到这些情况后，妈妈先找小熙谈话，告诉他不认真听课的坏处，小熙听得很认真。然后妈妈说只要小熙每天认真听课，周末就会带他去游乐园，小熙开心地答应了。但是坚持了没几天，小熙又开始走神了，每次都要老师喊他，他才会回过神来听课。

许多家长在得知孩子课堂上不认真听讲后，都会觉得是孩子不知道学习的重要性。因此，总是苦口婆心地对孩子讲学习的重要性，学不好会怎么样……不断在孩子耳边强调要认真听讲。但是孩子总是做不到，上课时依然小动作不断，就算不做小动作了，虽然孩子看着黑板，但是思想早已飘远了。这个时候，有的家长会怀疑孩子是不是有什么病，或许是多动症之类的。然而，

如何让孩子认真听讲

不管是什么原因,孩子如果不认真听讲,对孩子的学习是极为不利的。因此,家长要加强与孩子的交流,了解孩子不认真听讲的原因,采取有效措施,引导孩子认真听讲。

1 发掘学习兴趣

兴趣是最好的老师,家长可以告诉孩子知识的用途,或者是让孩子感受学习成功的兴奋感觉等,让孩子爱上学习。

2 培养注意力

通过一些需要注意力持久而集中的活动培养孩子的注意力,比如让孩子穿珠子、下棋、拍皮球等,锻炼孩子的注意力。

3 给孩子补习

如果孩子基础差,听不懂老师的讲课内容,自然就不会认真听讲。那么,家长可以多给孩子补补课,孩子成绩提高了,能赶上老师的节奏了,自然就会认真听课了。

家长却没有问清楚孩子为什么不愿意听讲。

孩子不愿意认真听讲,与孩子这个年龄段的心理特征有关,这个时期的孩子自控能力差是一个主要的原因。另外,老师不可能照顾到全班所有的学生,势必会有一些学生很少受到老师的关注,加之这个时期的孩子有着很强的表现欲,希望别人注意到自己,因此,孩子可能就会采取不认真听讲而是做一些小动作的方式,希望老师关注自己。老师批评孩子,在孩子看来也是老师注意到了自己。

另外,老师的课可能正好是孩子不感兴趣的内容,或者是孩子不适应老师的讲课方式,甚至是孩子不喜欢某一位老师,连带着也就不喜欢这位老师的课。就如同心理学上的不值得定律一样:不值得做的事情,就不值得做好。这个定律反映了一部分人做事的一种心理,就是如果从事的事是一份自己认为不值得做的事情,往往就会敷衍了事。孩子听讲也是一样,孩子对老师所讲的内容不感兴趣,或者觉得没什么用处,孩子自然就不会认真对待。

总之,家长只有找到孩子不认真听讲的原因,才能找到相应的解决方法,做到有的放矢。

○ 孩子写作业总是故意磨蹭

上学的孩子都是有家庭作业的,家庭作业却让家长十分头疼:有的孩子写到晚上要睡觉了还写不完,有的需要家长陪同才能完成。其实，家长都清楚，老师不可能布置太多的作业，故意让孩子写到很晚。其实，真正的原因是孩子写作业的速度太慢。有的家长说，作业量正常的话应该半个小时就能完成，但是自己的孩子却要到晚上10点才能写完。

为什么孩子写作业的速度这么慢呢？有的孩子确实是因为自己本身的基础太差，许多知识都没有学会，自然作业也不会做，速度也就慢了。另一方面，这个年龄段的孩子还没有时间概念，家长让他们半小时做完，他们却不知道半小时有多长，于是就在磨磨蹭蹭中耽误了不少时间。有的孩子天性好动，无法将注意力集中到一处太长时间，所以写作业的速度就慢下来了……这些都可能是孩子写作业慢的原因，还有的孩子是有能力在短时间内完成的，但是，他们却故意磨磨蹭蹭，非要花上多倍的时间来完成。

小凯每天放学就开始写作业，常常写到晚上九点钟还写不完。妈妈一般都是在做家务，偶尔看一下小凯的进度，所以，并没有十分上心。

有一天，妈妈早早完成了家务，就去看小凯写作业，结果发现小凯的桌子上摆着一个变形金刚，小凯写几个字就要玩上一会儿，妈妈便把变形金刚拿走了。但是小凯还有别的"玩具"，他不是拿着尺子比画几下，就是抠抠橡皮，要不就是在纸上画奇怪的图形。总之，就是不好好写作业。

巧妙应付孩子的故意磨蹭

1 注意方式方法

当孩子做作业故意磨蹭的时候,家长千万不要意气用事,一味地责骂,这样只会适得其反。要注意总结方式方法,慢慢改正孩子做作业磨蹭的坏习惯。

2 允许孩子有适当的娱乐时间

只要做完老师布置的作业,剩余时间就交给孩子安排,这样孩子就会抓紧时间完成了。久而久之,孩子就会改掉磨蹭的坏习惯。

后来,都九点多了小凯还没有写完作业。妈妈十分生气,就把小凯的文具都扔到了地上,只留下作业本和小凯手里的一支笔,并对小凯训斥道:"我说你怎么写得这么慢,就是这样磨蹭的是吧?故意不好好写,就知道玩!"小凯没想到妈妈竟然把自己的东西都扔了,有些害怕,但还是生气地对妈妈说:"早写完干什么啊？写完了还是要学习，你都不让我玩儿，我现在玩玩怎么了！"

例子中的小凯就是典型的故意磨蹭，明明会做而且可以很快写完，但是他就是不肯好好写，总是一边玩一边写，写完的时候也差不多该睡觉了。

那么，孩子为什么故意磨蹭呢？真正的原因，还是要从家长身上找。

家长都不想让孩子落后于他人。因此，十分重视孩子的学习，生怕孩子学不好，就给孩子布置各种学习任务，殊不知，这些占据了孩子太多的时间，这个年龄段的孩子正是爱玩的时候，他们想早早完成作业出去玩。但是家长却"见不得"孩子玩，觉得孩子是在浪费时间，不如拿来学习。于是，孩子做完老师的作业，还会有很多爸爸妈妈布置的作业要做，根本没有玩的时间。

这时，孩子就会有自己的对策，既然不能玩，那不如慢点写，少写一点是一点。于是，就出现了孩子故意磨蹭的事情的发生。因为孩子虽然想要直接反抗，但是家长并不能理解他们，可能还会批评他们。所以，孩子就用磨蹭、拖拉、找理由等消极的做法来应付、抵制、抗议甚至发泄对家长的不满。

因此，家长在埋怨孩子写作业慢的时候，不妨先检讨一下自己的行为，是不是给孩子过多的压力了？如果是，不妨给孩子解解压，让他们在写完作业之后有点自己的时间，这样孩子可能就不会故意磨蹭着写作业了。

○ 孩子为什么这么马虎

许多孩子上课听讲非常认真，作业都会做，对于老师上课的提问也回答得很好，但是，一到考试就不行了，成绩每次都不理想。看到试卷时，家长难免有些傻眼：竟然把加法当作减法算了！列算式的时候把上面的数字抄下来就少了一个零！其实都算出正确答案了，但是作答的时候写错了！这道选择题要求选不正确的，结果选了正确的！这道大题有三个小问，怎么做了两问就完了！

很明显，并不是孩子不会做，而是没有认真做，犯了马虎的毛病！于是每次考试，有的家长会提醒孩子，一定不要马虎；有的家长吓唬孩子说："要是再因为马虎考不好，就不让你上学了！"希望这样说能让孩子提起精神；还有的家长不断惩罚孩子，只要做错了就罚孩子抄试卷。但是，这些方法并不能杜绝孩子马虎的问题，下次考试，孩子还会照样犯这种低级错误。

子萱非常聪明，语文老师讲的内容，她很快就能记住。对于数学题，老师一讲她就会做。在家里，爸爸妈妈经常会考子萱，每次她都能对答如流。但是，就是这样一个聪明的孩子，每次的考试成绩却并不理想，也考不到班上的前几名。

每次考完试，妈妈都会问子萱感觉怎么样，子萱都说没问

马虎要不得

马虎会让孩子做错很多事情，不仅仅是在考试中出错，在日常生活中也可能会出现丢三落四的毛病。因此，家长应该及时找对原因，找到相应的方法，帮助孩子摆脱马虎的习惯。

1　运用正强化

孩子在马虎的时候，家长不要说他，而是忽略，反而在孩子偶尔细心的时候马上表扬他，强化孩子的细心，慢慢地，孩子就会朝着细心的方向发展了。

2　建立"错题档案"

想要真正解决孩子考试中的马虎问题，就要把孩子经常出错的地方找出来，把错误频率统计出来。要做到这一点，就要给孩子建立一个"错题档案"。

3　培养责任心

在孩子有一定能力之后，就让孩子对一些事情负责，比如自己整理自己的东西等，让孩子逐渐有责任心，顺便改掉孩子丢三落四的毛病。

题，题目自己都会做。但是成绩一出来，子萱就傻眼了。每当子萱拿着试卷给爸爸妈妈看时，爸爸妈妈也只是摇头，拿着她出错的题目接着再问她，她却都能解答出来。但是，试卷上，子萱不是空着一道题，就是写字的时候多写一画或是少写一画，这样就算错了。有一次，子萱竟然整个试卷的背面都没有做，爸爸妈妈问她怎回事，子萱说忘了试卷反面还有题目！就是这样的一个"小马虎"，怎么可能会考好呢？

妈妈觉得这样马虎的话，对子萱以后的学习会有很大的影响，便决定帮助子萱改掉马虎的毛病。于是，每次考试的时候，妈妈都在子萱的文具盒上贴上一张纸，上面写着"不得马虎"。但是，似乎并不怎么管用，每次考完试，子萱还是会出错。于是，每次出错，妈妈就看着子萱把这些错题抄写十遍，让她记住。

然而，到了下次考试的时候，子萱还是会马虎。妈妈真的是苦恼极了，不知道该用什么方法才能管用。

孩子一到考试就马虎的毛病，确实让许多家长烦恼不已，就像例子中的子萱妈妈，虽然想了一些办法，但是并没有效果。那么，到底是什么原因让孩子在明明会做的题目上出现马虎大意的情况呢？其实，孩子的马虎，是一种十分复杂的心理现象，有着多方面的原因。

性格和态度是造成这个年龄段的孩子马虎的主要原因。孩子到了七八岁，性格会变得比较急躁，在考试时，会控制不住自己的这种急躁的性格，就像是有人在后面赶着自己一样，使得他们匆匆忙忙地做完试卷，在这样的情况下难免会出现错误。另外，就是孩子的态度。由于年龄的关系，孩子做事时没有责任心，不知道学习是为了自己学，反而把学习当作完成家长或是老师的任务一样对待。在这样不端正的态度的驱使下，孩子就会敷衍了事，差不多做完就算了，就算出错也满不在乎。

除了孩子的性格和态度之外，家长的态度和做法对孩子也是有影响的。许多家长想让孩子学习好，就不断给孩子施压，却忽略了孩子的年龄太小，承受不了这样的强压。因此，在考试的时候，孩子就会感到紧张，害怕自己考不好会被家长惩罚，因此无心做题，这样的状况下，肯定会出现问题的。

孩子的年龄还小，家长及时纠正，一定能帮助孩子改掉马虎的习惯。但是，正是由于孩子年龄小，想要纠正这个坏习惯，就需要家长高度的责任心和耐心，应通过细致的、艰难的、反复的工作，帮助孩子改正。切忌责骂孩子，更不要一直对孩子说"你太马虎了"。否则，孩子就会认为自己是马虎的，甚至以这个为借口来推脱考不好的责任。

想要解决孩子的马虎问题，家长必须找到自己孩子马虎背后的原因，对症下药，帮孩子摆脱马虎的困扰。

○ 重视孩子的逃学问题

对于孩子来说，逃学算是很严重的问题了。孩子不去上课，不但没有办法学到知识，而且孩子自己偷偷跑出去，在家长和学校都无法监管的情况下，孩子的安全就得不到保障，万一遇到危险或者坏人，后果不堪设想。

小伟原本是个非常聪明、学习成绩也很不错的孩子。到了小学二年级时，老师却发现小伟的学习成绩逐渐下滑，老师就开始多关注小伟。结果老师越关注，对小伟越严厉，小伟的情况更多了：小伟经常会缺课，因为学校大门非上学、放学时间不会开门，所以小伟也出不去，就躲到学校的某个地方玩一两节课再回来。慢慢地，小伟经常整天都不来，但是小伟的妈妈会给他请假，说小伟生病了。

这样的次数太多了，妈妈也觉得奇怪，为什么小伟总是生病呢，于是就带小伟去医院做检查，但是没查出什么原因来。

有时小伟在家还好好的，可是到了学校门口，小伟就说肚子疼或是头疼的，妈妈只好和老师请假再把小伟带回来。反复几次之后，妈妈觉得越来越不对劲，既然查不出有什么病，小伟却每次到学校就不舒服了，这里面一定有问题！

有一次，小伟又在学校门口说肚子疼，妈妈就没有理他，强行把他送到了班上，结果老师检查作业时，发现小伟没有完成。经过长时间的观察，原来小伟只要没有完成作业，就会"生病"逃学。

改正孩子的逃学行为

孩子的逃学行为对孩子十分有害,家长一定要重视,但是也不能只是责怪孩子。家长不妨试试以下几种方法:

1. 采取"冷处理"

与其对孩子拳脚相加,让孩子更加叛逆,不如平息怒火,跟孩子好好谈谈,找出动机和原因,继而对孩子讲讲道理,进行积极引导。

2. 给孩子自由支配的时间

孩子逃学的目的就是为了玩,或者是满足其他兴趣爱好。因此,家长平常不如多给孩子一些时间自由支配,孩子得到了满足,自然就不会逃学了。

3. 注意孩子的交友对象

如果孩子交到了爱逃学的朋友,很有可能会受其影响。因此,家长一定要注意孩子的交友对象。

有的孩子跟例子中的小伟一样,只要上学就会"生病",有的是在装病,有的孩子却真的会出现呕吐、发烧等症状,只要不用去上学了,"病"自然就好了。这其实是儿童逃学综合征的一种表现。当然,并不是所有的孩子逃学,都会出现儿童逃学综合征。这个年龄段的孩子出现逃学行为,是由许多原因造成的。家长想让孩子不再逃学,就要找出他们逃学的原因,然后联合老师,采取恰当的方法,解决孩子的逃学问题。

具体来说,孩子逃学有以下几种原因:

一是这个年龄段的孩子大多活泼好动,遇到比较感兴趣的事情,孩子就会放弃学习出去玩了。

二是这个年龄段的孩子心理承受能力差,有时与同学出现矛盾或者被老师惩罚等,就会给孩子造成心理阴影,从而恐惧去学校。

三是孩子本身成绩差,家长或是老师不断给孩子施压,造成其心理负担过重、精神压力过大,孩子会对学习失去兴趣,从而出现逃学行为。

四是这个年龄段的孩子分辨是非的能力弱,很容易受到诱惑而迷失方向,比如他人对孩子进行挑唆,孩子不辨是非,从而逃学。

孩子逃学的行为虽然令家长十分头疼,但是,家长也不要不分青红皂白就批评孩子、打骂孩子。要知道七八岁的孩子正处于一个叛逆期内,如果家长这样做,只会增加孩子的厌学情绪和逆反心理。所以,家长应该弄清楚原因,耐心教导,逐渐把孩子从逃学的"困境"中拉回课堂。

○ 叛逆的孩子总是和老师对着干

孩子到了七八岁,大部分时间都是在学校度过的。在学校,孩子接触最多的,除了同班同学,就是老师了。孩子在小的时候,总是对老师有着莫名的崇拜,许多孩子不听家长的话,却对老师言听计从。

但是,到了七八岁的这个阶段,有的孩子会专门跟老师对着干。而老师并不像孩子的家长一样,每天面对一两个孩子就可以了,老师要面对的是全班同学,还要顾及课程讲解。因此,许多老师在遇到学生与自己对着干的时候,往往会缺乏耐心,对孩子进行简单的批评教育。有的老师认为,孩子在全班同学面前挑战了自己的权威,让自己在学生面前有些难堪,于是就火冒三丈,狠狠惩罚孩子,或者到班主任和家长面前告状,想要压制住孩子。

小杰是班里出了名的捣蛋鬼,专门跟老师对着干。老师让他安静看书,他偏要和同桌聊天;老师让他做练习,他偏要大声读书……就是不肯好好听老师的话。他每次捣乱,老师都会批评他,但是小杰就是不改,还是照样和老师唱反调。有时,老师的惩罚有点重,小杰就会报复老师:上课前,小杰跑到讲台上把粉笔全部折成一小段一小段的；老师正讲课的时候，小杰忽然大声打嗝，逗得同学们哈哈大笑，等等。

有一次上语文课时，班主任让大家先读一下课文，找出生字。所有的同学都在认真读课文，小杰忽然大喊着从凳子上摔了下来，还把课桌上的书本文具都弄了下来，大家听到声音都停止了读书，老师也赶紧过来查看他有没有摔伤。小杰还故意发出呻吟声，好像摔得很重的样子，老师说赶紧到医务室看一下，说着就想带小杰去。结果，小杰收起呻吟声，说："没事儿，没事儿，大家该干吗干吗，我就是试试这凳子结不结实。"气得老师让他站着听课。

但是小杰站着也不老实，他把手里的橡皮抠成碎渣，扔到前面女同学的头发上。那个女同学受不了了，就举手告诉了老师，老师的讲课又被打断了。但是，小杰却是一副笑嘻嘻的样子，一点儿也不害怕。老师生气地用课本拍了一下小杰的背，小杰却大声说道："你这是体罚学生，我要告你去！"

小杰的家长也知道小杰总是跟老师对着干，他们经常教育小杰要听老师的话，但是并没有什么作用，小杰还是我行我素。

孩子总是与老师对着干，很有可能是孩子想引起老师的重视。有的孩子是老师平常比较少关注的，而老师的关注与重视，是孩子最大的心理满足。当老师不关注自己的时候，孩子就会觉

正确看待孩子对老师的抵触

孩子到了七八岁都会经历一段叛逆的时期,有的孩子会对家长有抵触情绪,有的孩子会对抗老师,而孩子对老师如果有抵触情绪,就很难学好这门功课。因此,家长应该积极、及时地进行引导。

1 不要一味偏袒孩子

有的家长过于溺爱孩子,看到孩子受委屈,就不明里地当着孩子的面指责老师,这样孩子就不会认识到自己的错误。

2 提高孩子的抗挫能力

有的孩子是因为受到老师的批评而进行报复,因此,家长一定要提高孩子的抗挫折能力。

3 教会孩子如何提意见

有的孩子是因为对老师有意见就跟老师对着干,家长可以教给孩子一些提意见或建议的策略与技巧,鼓励孩子对老师说出自己的想法。

得自己受冷落了，七八岁的孩子正是自尊心十分强的时期，为了引起老师的注意，孩子才会通过针对老师的抵触行为来实现。

另外，有的老师的教育方式是孩子不能接受的；有的老师对孩子提出的要求并不恰当，让孩子产生了反感；还有的老师因为批评孩子的方式不恰当，让孩子怀恨在心，继而开始与老师对着干。

不管是基于什么原因，当孩子与老师对着干的时候，家长不要只是想着教训孩子或者惩罚孩子，这样会让处在叛逆期的孩子加重对抗的情绪。而是应该多与孩子进行心灵沟通，弄清楚孩子对抗老师的真正原因，然后找出相应的方法，让孩子的抵触情绪逐渐消除。

第三篇

青春叛逆期：
我的青春我做主

第一章
青春叛逆期孩子的性格、心理变化

○ 孩子的情绪总是大起大落

许多家长会发现，孩子进入青春叛逆期后，情绪总是大起大落。常常是一段时间非常低落，对什么都不愿意理睬，但是几天之后，孩子又像是变了一个人似的，十分阳光爱笑了，也不会动不动就生气了。这样两种极端的性格，孩子似乎驾驭得游刃有余。

面对孩子的这些情绪变化，许多家长都手足无措，既不知道是什么让孩子萎靡不振，也不知道又是什么打开了孩子的心扉，让他们从易怒的小狮子变成了温顺的小绵羊。

孩子情绪好的时候固然好，但是孩子在"心情低落期"时就很难相处，这样不但会影响到他们的学习和生活，还会影响到与他人的关系。再者说，孩子的情绪这样大起大落毕竟不是一件好事，许多家长希望能帮助孩子调整情绪，但是又不知如何下手。

青春叛逆期孩子的这种情绪起伏表现在心理学上被称为"情绪周期"。它反映了人体内部的周期性张弛规律，也叫"情绪生物节律"。有人认为这种周期性的情绪变化是一种精神问题，其实不然。这种周期性的变化只是孩子正常的生理心理现象，是具有周期性的变化规律的。

小冰自从进入初三后，妈妈就觉得有点受不了小冰的坏脾气了。可是说她脾气坏吧，有的时候又非常听话，还会和妈妈谈心。

有时，她们母女上午一起去逛街，玩得也很开心，但是到了下午，小冰就会"翻脸不认人"，对妈妈十分冷漠。

前几天小冰要期末考试，她每天回到家吃完饭就看书，每次考试的时候，她都会这样积极准备。但是，不只是她紧张，全家都会紧张，爸爸妈妈倒不是怕小冰考不好，而是这几天小冰就像个刺猬一样，见谁就刺谁。

有一天，小冰放学回到家，由于妈妈下班晚还没有做好饭，小冰一看餐桌上没有吃的，就开始"咆哮"："怎么回事啊，想要饿死人啊？"妈妈说一会儿就好了，但是小冰用力把水杯往桌上一放，就到自己房间去了。等妈妈做好饭，叫小冰出来吃饭，小冰没好气地说："看看表都几点了？不吃！你净耽误事！"

爸爸妈妈觉得小冰马上就考试了，也不想刺激她，就顺着她，也没有怪她，本想着等她考完试再说。可是，小冰还没考完试呢，忽然变得温顺了，回家对爸爸妈妈说话也不板着脸了，妈妈说什么也开始听了。这下轮到爸爸妈妈大眼瞪小眼，不知道该如

帮助孩子调节情绪

青春叛逆期是孩子们心理波动比较强的时期，在这期间，孩子的心理承受能力也比较差，一些小事都可能会引起他们过激的行为。所以，家长应该多帮孩子认识自己的情绪，管理好自己的情绪，尽量保持稳定的心境！

1 不要给孩子过多压力

压力太大是造成孩子情绪起伏的原因之一，因此，家长不要给孩子过大的压力，应该多鼓励孩子。

2 鼓励孩子宣泄情绪

青春叛逆期的孩子十分敏感，也很脆弱，家长不要强迫孩子坚强。在孩子有情绪的时候，应该让孩子尽情宣泄，比如通过运动、大哭等方式。

3 引导孩子学会控制情绪

可以采用自我暗示、自我激励、心理换位等方法，将消极情绪与头脑中的闪亮点结合起来，将不良情绪转换为积极的行动。

何做了。

小冰这种大起大落的情绪是青春叛逆期孩子的情绪特点之一，青春叛逆期孩子的情绪有三个特点：

其一，情绪体验迅速。也就是说，这个时期的孩子情绪很不稳定，坏心情来得快，去得也快。

其二，情绪活动明显呈现两极性。他们的情绪活动很容易由一个面转换到另一个面，甚至由一个极端转换到另一个极端。

其三，情绪反应强烈。在情绪冲动时，理智控制作用减弱，很容易做出不计后果的过激行为。

情绪的强烈和不稳定，正是处于青春发育期的孩子身上普遍存在的现象。当然，这与孩子所面临的压力和挑战有很大关系。青春叛逆期的孩子正处于学习的关键时期，本身课业负担就非常重。而这个时期，他们的身体开始发育，特别是性方面的发育和成熟，使得孩子积蓄了大量的能量，容易过度兴奋，等等。青春叛逆期孩子的大脑和神经机制还没有发育健全，调节能力较弱，面对多方面的刺激和压力，孩子很容易产生心理上的不平衡感。孩子还没有学会掩饰和控制自己的情绪，常常喜怒皆形于色，在这样的情况下，情绪就显得忽高忽低，特别不稳定。

虽然说情绪不稳定是青春叛逆期孩子的普遍心理状态，但是情绪波动往往会给孩子的生活带来一定的影响，而低落的情绪则容易使人生病，危害孩子的身心健康。所以，在孩子的成长过程中，让孩子保持一种稳定而良好的情绪，是家长应该重视的问题。

○ 孤独、自闭怎么办

孩子到了青春叛逆期，随着身体的发育，他们的心理也会产生种种变化。逐渐地，他们对于家长和老师等长辈之前灌输给自己的种种思想产生了质疑，有的孩子甚至不再相信大人。

孩子开始希望自己能够像大人一样拥有自己的天地，却得不到支持。于是，孩子就会觉得自己干什么都不被理解，就连平时挺要好的同学和朋友，现在也不是那么亲密无间、无话不谈了，自己的一肚子心事，却不能和谁说。所以，许多青春叛逆期的孩子总是会发出这样的感叹："为什么就没有人能理解我呢？我真的好孤独。"

孤独和自闭通常会结伴而行，因为孤独而自闭，而自闭又导致了孤独，它们就像两扇沉重的铁门，把孩子的内心紧紧地关闭起来。孩子的自闭和孤独一般表现为情绪低落、悲观、厌世，严重的自闭则可能会导致自杀。所以，如果孩子出现孤独、自闭的倾向，家长应该引起重视，及时加强和孩子的沟通，走进孩子的世界，把孩子拉到阳光下。

夏天本是个十分开朗的女孩，整天笑嘻嘻的，似乎没有烦恼。自从夏天上了初三之后，妈妈就发现她不太爱笑了，开始还以

帮助孩子排除自闭心理

1 打开孩子的心扉

只有打开孩子心扉,才能找到孩子自闭的原因。因此,要多与孩子谈心,站在孩子的立场去思考、去理解孩子。

2 帮孩子缓解心理压力

压力是造成孩子自闭的重要原因。因此,家长要及时帮孩子排解升学、交际、情感等方面的压力,关注孩子的心理健康。

3 多带孩子出去走走

适量的户外运动不仅可以锻炼身体,还有益于身心健康。所以,要鼓励孩子多参加户外活动,或者亲自带孩子出去运动。

另外,青春叛逆期的孩子都比较敏感,家长的一言一行都会对孩子产生影响。所以,家长要给青春叛逆期的孩子更多的关爱,让孩子体会到爱,从而远离孤独和自闭。

为是长大了,知道收敛自己的性格了。但是时间长了,妈妈发觉夏天不太对劲,就算是不爱笑了,也不能连人都不理了吧?

现在的夏天整日无精打采的,见人不说话,就是和妈妈也是能不说就不说,原先那个叽叽喳喳的孩子完全变了个样。以前夏天经常带同学来家里玩,现在既没有人来家里,夏天自己也不出去玩了。每天放学后,夏天就直接回家,然后躲到房间里不出来。如果说她到家后是在学习,学习成绩却下降了。妈妈觉得肯定是孩子有什么心事了。但是问了夏天好几遍,她也不说。

后来,妈妈就到学校问老师,孩子最近的表现如何。老师则连连摇头,说不知道为什么班里的活跃分子现在不活跃了,整天独来独往,不和同学玩,学校的活动也不参加,就算是集体项目,夏天也是一个人躲在角落。老师建议夏天的妈妈带孩子去看看心理医生,说不定孩子是有了什么心理问题呢。

后来,妈妈见开导没有什么效果,就带夏天去看了心理医生。经过检查,医生说夏天并没有什么心理疾病,之所以会出现这样的状况,可能是因为孩子处于青春叛逆期,这是青春叛逆期的自闭现象,只要家长多关心、多开导,孩子还是会变回以前的活泼样子的。

青春叛逆期的孩子产生心理自闭现象一般有两种原因:一是孩子在儿时的一些特殊的经历造成了孩子孤僻、自卑的性格;二

是孩子进入青春叛逆期以后各方面的压力变大，孩子不得不把自己封闭起来。例子中的夏天应该就是第二种情况，她从小活泼，可能在升入初三之后，学业压力变大，或者是家长、老师的期望过高，让孩子承受不了，所以出现了这种自闭现象。

心理学上有一个布朗定律，说的是一旦找到了打开某人心锁的钥匙，往往可以反复利用这把钥匙打开这个人的其他心锁。

也就是说，对于孩子的自闭现象，只要找到了问题的根源，其他问题也会迎刃而解。比如孩子因为升学的压力导致心理焦虑，继而产生的自闭。在这种情况下，家长首先要做的就是和孩子交心，找到孩子自闭的根源，然后开导、安慰孩子，和孩子共同面对，帮助孩子排除心理压力，最终解决问题。当然，如果孩子的自闭过于严重，家长要及时带孩子去看心理医生。

○ 都是虚荣心在作祟

对于青春叛逆期的孩子来说，他们开始有了自己的独立意识，开始看重面子，渴望被关注。但是，孩子一旦形成虚荣心，对其成长会产生不利的影响。

教育心理学研究认为，孩子由儿童阶段进入青春叛逆期以后，自我的概念开始清晰和明朗，获得他人认可和尊重的欲望变得空前强烈，他们甚至不满意自己的状况，想方设法地来标榜自己、抬升自己，以达到"超越"别人的目的。有的孩子可能是因为家庭经济条件差或是长相不佳等原因而自卑，他们希望通过一些外在因素提升自己、增强自信。但是，不管是出于什么样的目的，这些行为都是孩子在青春叛逆期虚荣心增强的表现。

另外，青春叛逆期性心理的发展，也促进了孩子虚荣心理的发展。一些少男少女为了增强对异性的吸引力和在同性之间的优越感，也很容易变得爱慕虚荣。

小辉的爸爸是一家商贸公司的老板，所以，小辉家里条件十分优越。小辉小时候不懂这些，只是买一些自己喜欢的东西，也不管是不是名牌。上小学后，小辉和同学们的关系都不错，学习成绩名列前茅。但是，自从小辉升入初中之后，爸爸妈妈发现小辉变了。

现在，小辉穿的衣服必须是名牌，否则坚决不穿。可是大部分时间都在学校，学校规定上学期间要穿校服，这样就没法展示自己的名牌衣服了，于是小辉让妈妈给自己买限量版的运动鞋，这样的一双鞋便宜的得好几百，贵的得上千呢。这还不够，上学期间不能佩戴首饰，但是可以戴手表啊。小辉可不要什么电子表，一定要爸爸给他买瑞士名表。前几天，又买了最新款的苹果手机，他的手机、iPad、电脑都是苹果的，只要出新款，小辉就会让爸爸给他换。

除此之外，小辉每天上下学，都让爸爸开着家里的车去接送他。小学的时候，小辉还喜欢和同学挤公交去上学，现在死活不肯，就算爸爸有事没法接送他，也必须让司机接送。爸爸

让孩子告别虚荣心

1 榜样示范

家长应该从自身做起,不盲目追求名牌、不乱花钱、注重精神修养,给孩子树立一个好榜样。

2 少表扬

当孩子取得了好成绩时,尽量不要当着众人的面夸奖,这样容易让孩子形成虚荣心。

3 认识真正的美

可以通过看电影、说故事,或者是身边的一些事,使孩子明白真正的美来自心灵,而非外表。

值得注意的是,全家人不要整天围着孩子转,否则,他会认为自己是家庭的"中心人物",这样会大大提升孩子的优越感,也更容易形成虚荣心。

要是说让他骑自行车去上学,小辉就会大声反驳:"骑个自行车多没面子啊,我必须要坐咱家的豪车。"

爸爸妈妈看到孩子这么虚荣,也感到十分无奈,可是家里就这么一个孩子,又不忍心见他受委屈,只能什么都依着他了。

很多时候,孩子的虚荣心和家庭以及家长的教育有很大的关系。现如今,许多家长都十分溺爱孩子,加上又有经济能力,所以舍得买一些高档的玩具、服装等。就像例子中的小辉的家长一样,明知道孩子有虚荣心不好,但是又不忍心孩子受委屈,便什么都依着孩子,这样自然就助长了孩子的虚荣心。有的家长不注意孩子的修养和教育,而是偏重于打扮孩子,给孩子很多零花钱;有的家长喜欢到处炫耀孩子,而且只讲孩子的优点,孩子在一片赞扬声中长大,更容易形成虚荣心理。

一般来说,青春叛逆期的孩子虚荣心理主要有三种表现:

一是衣食住行追求名牌,以此来显示自己的经济实力和所谓的品位。

二是爱撒谎、吹嘘自己或是家长。比如向同学吹嘘自己拥有的物品是什么品牌,或者炫耀家里的经济实力等,以此来抬高自己的身价,显示自己的身份、地位。

三是争强好胜、不服输。孩子总是认为自己比别人强,如果在比赛或者竞争中输了,就会找理由或者贬低对手,确保自己始终以胜利者的姿态出现。

虽然说，虚荣心人人都有，因为每个人都希望得到别人的认可和尊重，渴望心理上得到优越感。但是，如果虚荣心过重的话，就会影响孩子的心理健康，进而影响到孩子的生活和学习。因此，家长一定要帮助青春叛逆期的孩子克服虚荣心理，让其健康成长。

○ 自卑而又敏感多疑的孩子

许多青春叛逆期的孩子心里都住着一个魔鬼——自卑。通常，人们都认为，那些自卑的孩子脾气更加温顺，会更听话，但事实往往相反。

每个青春叛逆期的孩子都是敏感的，对于那些自信、情绪外显的孩子，他们更善于抒发内心的情感，因而懂得自我排解不良情绪。而那些自卑、内向的孩子，他们会把内心的不快郁结在心中，当他们的自卑被挖掘出来的时候，他们的脾气就会爆发出来，甚至一反常态。

青春叛逆期的孩子大部分时间都是在集体中，与许多同学、许多朋友在一起，这其中有很多人比自己优秀。而孩子在集体中容易把自己和周围的朋友、同学相比较，当自己的某一方面不如他人的时候，孩子的自卑感就会油然而生，孩子可能会把这种不如人的想法积压在心中，不愿意与朋友、同学相处。他们往往很敏感，抱有很大的戒心和敌意，不信任别人，鸡毛蒜皮的事也会引发一场轩然大波。

梦梦自从上学后就品学兼优，家长都感到骄傲，逢人便夸奖她。在学校里，梦梦更是受到老师和同学的欢迎。

去年，梦梦顺利考上了市里重点初中。可是，梦梦的新同学都非常优秀，这样梦梦在班里就没有优势了，因此，她整天郁郁寡欢。

其实梦梦很想好好学习，让自己再像以前一样，让大家羡慕。但是，她越是这样想，成绩越是难以提高，这几次考试成绩反而不停下滑。

家长对梦梦的表现不满意，如今也不在别人面前提及梦梦的学习了。梦梦的压力越来越大，逐渐出现烦躁、失眠的状况。在这些情况的影响下，梦梦的成绩下滑得更加厉害。

有一次考试成绩出来后，看到梦梦还有两门不及格，爸爸生气地对她说："你越长大越笨了是怎么着，不提高也就罢了，怎么还一直下降呢？"

听到爸爸这样说自己，梦梦十分难过，觉得家长一定对自己失望极了，自己可能真的不是学习的料。因此，梦梦在重压之下产生了一系列身心不良的症状：原先的失眠更加严重了，常常半夜了她还在看天花板；在白天，她精神恍惚，有时还会出现幻听；她总是觉得大家都在嘲笑自己，经常忽然就捂着耳朵，显得十分害怕的样子；一发现几个同学聊天时多看她了一眼，她就认为别人是在说自己的坏话，就开始与人争吵。最后，

帮助孩子摆脱敏感心理

孩子如果敏感多疑，不仅会影响自己的情绪，还会给孩子的正常生活、学习和交友造成困扰，如果严重的话，还可能会因此造成心理疾病，出现轻生等危险的念头。因此，在发现孩子出现自卑、敏感的倾向之后，父母就要积极引导孩子，那么具体该如何做呢？

1 让孩子学会信任

孩子敏感多疑主要是因为不信任别人，因此应该让孩子学会信任。首先，家长要与孩子建立信任关系，多关注、倾听孩子的心声，走进他们的内心，赢得他们的信任。

2 帮助孩子建立自信

孩子敏感多疑有可能是因为不够自信。因此，家长可以通过多鼓励或者找一些孩子引以为傲的事情，让孩子找到自信。

3 批评孩子，尊重在先

有的家长在批评孩子的时候常使用一些贬低性的词，这样会伤害孩子的自尊心，继而形成自卑。因此，就算是批评孩子，也一定要尊重孩子。

学校不得不让她先休学。

直到这个时候,家长才觉得梦梦的确是病了,也意识到了问题的严重性,决定带着梦梦去看心理医生。

━━━━━━━━━━━━━━━━━━━━━━━━━━━━━━━━━━━

青春叛逆期的孩子本来就敏感多疑,而例子中梦梦的爸爸说的话深深伤害到了梦梦。其实成绩下降,梦梦本身就很有压力了,家长不但没有鼓励她,还说她笨,她就会觉得家长不再爱她了,也会觉得自己真的就是笨,因此陷入深深的自卑中,而这种自卑又加重了她的敏感和多疑,从而使她的心态急剧恶化。

那么,对于青春叛逆期的孩子来说,到底是什么使他们自卑、敏感了呢?

其一,学习成绩不如人。有的孩子因为学习成绩差或者出现下滑而过分自卑,对自己没有信心,经常为自己的成绩或者其他方面的不足而苦恼,心理脆弱,有时会因此而离家出走,甚至产生轻生的念头,尤其是考试前后、作业太多或学习上遇到挫折的时候。

其二,家庭条件不如人。有的孩子,家庭条件不好或是来自单亲、离异家庭,他们会认为自己"矮人一截",生怕被同学、朋友笑话,时间一长,自卑心理就产生了。

因此,在生活中,家长一定要做到对孩子谨言慎行,避免无意中伤害到孩子。另外,如果孩子出现自卑和敏感的状况,一定要及时引导,避免孩子出现心理疾病。

○ 怎样扑灭孩子的嫉妒之火

"嫉妒,是一个人与他人做比较,发现自己的才能、名誉、地位或境遇等方面不如别人而产生的一种由羞愧、愤怒、怨恨等组成的复杂的情绪状态。"

对于青春叛逆期的孩子来说,他们已经有了升学的压力,开始明白了竞争的重要性。同时,他们也会不自觉地与他人做比较。正常情况下,当发现自己在才能、体貌或家庭条件等方面不如别人的时候,就会产生一种羡慕、崇拜、奋力追赶的心情,这是上进心的表现。但是,因为青春叛逆期心理发展尚未成熟,对自己的各方面能力认识还不足,遇上比自己能力强的人时就会感到不安,很容易产生嫉妒心理。

小荷正在读初中二年级,成绩属于班里的中游。这个学期重新调换了座位,她的新同桌是漂亮的蓉蓉,蓉蓉几乎每次考试都考第一名,人也长得漂亮,大家都很喜欢她。但是,小荷却不喜欢这个优秀的新同桌,因为自从她们两个成为同桌之后,两个人的差距总是那么明显,这让小荷心里十分不是滋味,因此,小荷非常讨厌蓉蓉。

每次考试公布成绩的时候,大家都会夸蓉蓉,老师也会在班上夸奖蓉蓉,而小荷的成绩总是不上不下,十分尴尬。所以,小荷总是在背后说蓉蓉的坏话。由于蓉蓉是班里的学习委员,

如何改变孩子的嫉妒之心

法国文学家巴尔扎克说过:"嫉妒者比任何不幸的人更为痛苦,因为别人的幸福和他自己的不幸,都将使他痛苦万分。"所以,面对青春叛逆期孩子的嫉妒心理,家长应该积极引导。

1 让孩子认识到嫉妒的危害

家长可以通过典故或现实中的一些事例来引导和教育孩子,让孩子认识到嫉妒的危害性,从而远离这种不良的心理倾向。

2 引导孩子树立正确的竞争意识

让孩子明白对手不是仇人,嫉妒不是要强,让孩子学会欣赏他人的成功,分享他人的快乐。

3 将嫉妒转化为激励

引导孩子将嫉妒转化为积极、奋进的力量,变嫉妒为包容和博采众长,这样的话,孩子就能不断超越自己,走向成功。

经常出入老师的办公室。因此，小荷就跟有的同学说老师偏向蓉蓉，早就在考试之前把蓉蓉叫到办公室，给她看过试卷了，这样蓉蓉才能考第一。

就因为小荷整天这样说蓉蓉的坏话，嫉妒蓉蓉的才能，两个人的关系也不怎么好。所以，虽然有蓉蓉这样一个成绩好的同桌，小荷的成绩也没有丝毫的进步，反而出现了下滑。小荷整天想着怎么"诋毁"蓉蓉，加上自己没有蓉蓉受欢迎，这让小荷心理十分不平衡。小荷越想越气，为此还出现了失眠症状，脾气也变得十分古怪，加上成绩下滑，这让家长十分担心。

事实上，嫉妒心理并不是只有青春叛逆期的孩子才会有，从幼儿时期一直到成年，每人身上或多或少都会有嫉妒心理，只不过是青春叛逆期的孩子表现得尤为突出而已。例子中的小荷就是这样的一种心理，看到同桌成绩比自己好，还受到大家的追捧和欢迎，就在背后恶语中伤对方。而这期间，自己不但没有向优秀的同桌学习，反而出现成绩下滑、失眠等状况，足见嫉妒心理对青春叛逆期孩子的危害。

第二章
青春叛逆期孩子的偏执行为

○ 孩子迷恋上了网络

当今社会，互联网已经十分盛行，互联网让我们的生活变得十分便捷，足不出户就可以了解世界各地的信息，购物也不用出门了。但是，它在给我们带来方便的同时，也带来了一些危害，尤其是对孩子的危害。现在的孩子，年纪很小就学会了上网，青春叛逆期的孩子更是对网络十分熟悉和了解，各种聊天软件都会使用，上网搜资料、看视频更是不在话下，而玩游戏似乎也成了每天的必修课。

原本孩子上上网、玩玩游戏也无可厚非，尤其是青春叛逆期的孩子，学业的负担比较重，心理压力难免会比较大，上网玩一下可以帮助他们缓解心理压力。但是，许多孩子却开始沉迷其中不能自拔。他们长时间上网导致作业不能完成，睡眠时间不能保证，上课时无精打采，老师讲的内容听不进去，结果成绩逐渐下滑。这是许多迷恋网络的孩子都会出现的状况。

更让家长担心的是，网上有许多不健康的内容，青春叛逆期的孩子心理发育还不成熟，性格也还不稳定，很容易模仿其中的

如何引导孩子健康上网

网络已经是现在的大趋势,孩子的很多作业确实需要借助网络,所以让孩子完全与网络隔离是不现实的。要避免孩子沉迷其中,家长就要想方设法引导孩子健康上网。

1 和孩子一起上网

家长可以和孩子一起上网,不仅可以起到监督作用,还能共同探讨网络中的许多问题。

2 把电脑放在家里的"公共场所"

家长可以把电脑放在客厅等大家都看得到的场所,这是可以帮助孩子安全上网最简单的方法。

3 引导孩子合理上网

可以和孩子共同商定一些上网的规矩,也给孩子一定的上网自由时间,逐渐引导孩子健康上网。

一些形象和情节。另外，由于孩子长时间沉浸在网络世界中，以至于分不清哪是虚拟世界、哪是现实世界，因而可能会做出一些危害自己或者他人的事来。

瑞瑞原本是个十分乖巧的孩子，学习也很认真，成绩在班里还算不错，家长对瑞瑞也很放心，并不像其他家长那样逼着孩子去学习很多东西。只要瑞瑞完成了老师布置的任务之后，有时会和爸爸一起看看书，剩下的时间都是瑞瑞自己安排，和朋友出去打篮球，或是到郊区玩，家长从来不过问，只要瑞瑞出门的时候和家长说一声就可以了。

瑞瑞在升入高中以后，逐渐认识了很多朋友。他们经常去网吧打游戏，有时候放学后瑞瑞也是先和他们去打游戏，到很晚才回家。这样的次数多了，家长就说了他几句，目的是让他早点回家。

但是，瑞瑞却不高兴了，对爸爸妈妈说道："我都这么大了，不要再把我当小孩子了。"这之后，瑞瑞回家更晚了。就算是周末，也是整天见不到人。

在最近的一次考试中，瑞瑞的成绩下降了不少。家长知道孩子进入青春叛逆期了，开始关注瑞瑞的成长。结果爸爸妈妈发现，瑞瑞每天并不是出去玩，而是到固定的一个网吧上网玩游戏。周末，整整两天都在网吧，中午就在网吧吃泡面！

而且瑞瑞的父母从老师那里了解到，瑞瑞最近经常在上课的时候睡觉，早上上学还经常迟到。可是瑞瑞明明很早就从家里去上学了呀，这里面一定有问题。有一天，爸爸偷偷跟在瑞瑞身后出门，竟然发现瑞瑞先奔网吧去了，在里面玩了一个多小时才出来去学校，这样不迟到才怪呢！

看到瑞瑞如此迷恋网络，耽误学业，爸爸妈妈十分后悔：都因为自己没有多关心孩子，才让孩子沉迷于网络中影响了学习。

青少年的身心发展还不成熟，好奇心又强，缺乏自控力，认知能力也不足，自我意识却非常强烈，他们渴望独立，与人平等交往和合作，渴望获得尊重，而网络，特别是网络游戏恰恰迎合了他们这一心理需求。但是对于青春叛逆期的孩子来说，他们最重要的任务就是学习，是充实自己，享受快乐的少年生活，像瑞瑞一样沉迷于网络，必定会影响学习，还会对身心造成伤害。

当然，网络并非只有坏处，网络也可以让孩子了解更多的知识，增加自己的见识，开阔视野。所以，家长也不要拒绝让孩子接触网络，而是应该多与孩子沟通，正确引导孩子，让孩子健康上网。

○ 追星：越阻止孩子反而越疯狂

"追星"行为，是指青春叛逆期的孩子过分崇拜或迷恋影视明星或歌星的行为。

正确面对孩子的追星行为

追星是孩子从儿童时期向成人过渡的一个正常的心理反应。因此,面对孩子追星,家长不必过于担心,只要稍加引导,不让孩子做出过分的事情即可。

 和孩子一起追星

在孩子追星的过程中,家长不妨陪着孩子一起去追星,通过追星,家长可以更好地去了解孩子、教育孩子。

 巧妙利用名人效应

在教育孩子的时候,可以利用孩子喜欢某个明星的心理,家长找出明星正面的东西,让孩子以明星为榜样,激发出名人效应。

理解和接纳,是教育的前提。因此,作为家长,对于孩子的追星心理,一定要理解和接纳,这样才能更好地和孩子沟通。

心理学家表示，崇拜偶像是青少年时期的重要心理特征之一，是青春叛逆期心理需要的反映。青春叛逆期的孩子在思想上有了很强的独立性，他们非常希望获得一种社会认同感和归属感，而这种认同感和归属感往往可以通过模仿偶像得到实现。因此，这个时期的孩子会疯狂迷恋明星。

一般来说，明星要么具有光鲜亮丽的外表，要么十分有才能，要么有很强的演技，会受到许多人的追捧。孩子会通过模仿明星的说话、动作、服饰等，从而获得满足感和归属感。另外，青春叛逆期的孩子大多面临着升学的压力，即使不是升学，繁重的课业负担也会给孩子造成很大的压力。因此，他们通过追星等行为来缓解和释放自己心中的压力和郁闷，将自己从沉闷的学习中解脱出来。

小宁刚刚读高中，原本在初中的时候，小宁还非常听话，学习也很认真，但是升高中的那个暑假特别长，由于没有了作业的负担，小宁过得十分舒畅，每天都是玩。

就在这个暑假，小宁迷上了某某组合，每天都听他们的歌，把他们参加的电视节目看了个遍，每天都上网搜索某某组合的新闻，关注其动态。

升到高中以后，原本课业负担就够重的了，但是小宁还是每天抽出很多时间来听歌，更是专门准备了一个本了，上面抄录了某某组合所唱歌的歌词。

原本知道孩子有个自己喜欢的明星,家长并没有太忧虑,自己上学的时候也有喜欢的明星,所以对小宁并没有进行过多的干涉。

但是,小宁似乎追星有点过火了,他开始买一些某某组合同款的衣服穿,身上的饰品也都是与某某组合有关的。

有一天,小宁突然晕倒了,这可把爸爸妈妈吓坏了。到医院一检查,医生说是饿晕了!怎么可能呢,妈妈每天都会给小宁零花钱,那些钱肯定够小宁吃早饭。后来,小宁的父母才知道,原来小宁为了攒钱去某某组合的粉丝见面会,就把吃早饭的钱都省下来,结果饿晕了!

••

许多家长担心孩子追星会影响学习,因此强行制止孩子追星。其实这样不但不能解决问题,反而会引起孩子的反抗和更加叛逆的心理。对大多数孩子来说,追星现象只是一个短暂的过程,随着孩子的成长这份热情会逐渐消退。因为在心理学上有一个光环效应,就是说人们对他人的认知容易先根据个人的好恶做出判断,然后再根据这种判断来推知这个人的品质。明星作为一个公众人物,周围被一种光环所笼罩,孩子因为思想不成熟,容易被这种表象所迷惑。但是,随着孩子年龄的增长,孩子的思想会逐渐成熟,是非判断力也会逐渐增强,孩子就会意识到明星也和普通大众一样,并不是完美的,也有其不好的一面或者是说自己的弱势。

因此，对于孩子追星的现象，家长不必过于紧张，也不用强行阻止孩子，这个年龄的孩子太过叛逆，家长强行阻止的话，即使知道家长是对的，他们也会进行反抗。况且每一代人都有属于自己时代的偶像，家长在年轻的时候甚至是至今都有自己的偶像。所以，家长应该理解孩子的思想。不过，孩子的心理发育还不十分成熟，性格也具有很强的可塑性和不稳定性，所以，家长应引导孩子适度追星，不要太迷恋和疯狂。在允许的范围内，让孩子健康、快乐地追星。

○ 过度赶时髦、追潮流

十几岁的孩子开始化妆、穿高跟鞋，穿着也越来越奇怪，好好的裤子上非要挖几个洞，衣服上面叮叮当当的都是饰品，头发会染成奇怪的颜色，男孩的头发留得很长……许多家长看不惯孩子的打扮，因此追在孩子身后，希望孩子能穿上校服或是正常的衣服，把那些奇奇怪怪的东西能摘下来。但是，孩子却对家长的要求置若罔闻，依旧我行我素，用他们的话说，这就叫时尚，家长根本就不懂。

孩子到了青春叛逆期以后，就会有非常强烈的自我意识，他们认为自己长大了，不应该再受家长的管教和约束，加上孩子的年龄不断增长，视野不断开阔，对于时尚和潮流有了自己的理解，他们希望自己成为万人瞩目的焦点。其实，孩子的这种选择也无可厚非，这些他们认为时尚的打扮会让孩子产生自己非常有

"个性"的感觉,他们喜欢这样的打扮和装束,其实也显示了孩子内心的一种渴求。家长在引导孩子的时候,一定要讲究策略,否则,只会起到相反的作用。

晓彤上初中三年级了,学习成绩不错,平常她就十分注重自己的形象,在进入初三之后,对于形象的要求更高了,光是早晨打扮的时间就要花费将近一个小时。因此,有时连吃早饭的时间都没有,拿个面包就匆匆去上学了。

除了打扮花的时间多,妈妈还发现,学校平常规定要穿校服,所以,晓彤就在鞋子上面花心思,买的鞋子不是有闪闪发光的亮片就是鞋底非常厚。假日里,可以穿自己的衣服了,晓彤也不知道什么时候买的这些衣服,牛仔裤从大腿开始一直快到脚踝处,都剪了一道一道的口子,站着还好,一坐下就露肉了。上衣特别短,连肚脐眼儿都遮不住,要不就是很薄很透明的材料。

一天,晓彤跟朋友出去玩了,回到家时,妈妈赫然发现晓彤把头发烫了,还染成了黄色,跟个芭比娃娃一样。气得妈妈训斥道:"你看看你,这还有点学生的样子吗?赶紧给我染回来!"但是,晓彤自顾自地往沙发上一躺,拿着手机说:"我可没空,我还要和朋友聊微信呢。你不要一直管我,你们的眼光也太土了。"

孩子打扮夸张,家长该如何应对

1 不要轻易答应孩子的要求

有些孩子想要什么衣服,家长就会给买,这样才养成了孩子穿着不合时宜的习惯。因此,家长应该一开始就拒绝孩子不合理的要求。

2 引导孩子选择适合自己的衣服

穿着要符合人物的身份和年龄,家长要积极引导孩子选择适合青春期孩子穿的衣服。

3 帮孩子找回自信

特别在意自己外表的孩子往往缺乏自信,家长可以通过多鼓励、多肯定的方式帮孩子逐步建立自信。

虽然新奇的穿衣打扮可能会引起别人的关注和好奇,但是不能赢得别人的尊重。因此,家长应该向孩子传授正确的审美观和价值观,把孩子的思想拉回到正常的轨道上来。

青春叛逆期的孩子穿着怪异，打扮另类，在生活中十分常见。进入青春叛逆期的孩子，会变得格外叛逆，家长的管教无论正确与否，都会招致他们的不满。因此，对于这样的孩子，家长不能只是单纯地说教，或者强行要求孩子改变。而是要找到孩子产生这类行为的心理原因，然后从根本上解决问题。

那么，青春叛逆期的孩子为什么喜欢这样打扮自己呢？

首先，青春叛逆期的孩子追求个性、自由的生活，这是青春叛逆期孩子心理的最大特点。他们追赶潮流，希望自己与众不同，希望自己是时尚的，是受大家追捧的，个性的打扮会让大家注意到他们。

其次，他们希望通过自己个性的打扮来弥补内心的不安。许多孩子内心十分不安，不知道自己想要的到底是什么。所以，他们通过自己的打扮和服饰来人为地与外界生活划清界限，以此来缓解内心的不安情绪。

当然，也不排除有些孩子由于缺少家长的关爱，需求在家庭中得不到满足，所以通过这样的打扮来自我肯定。面对这样的孩子，家长要多花时间陪伴孩子，关心爱护孩子，时间长了，孩子感受到家长的温暖了，行为就会慢慢改变了。

○ 早恋：羞涩或者疯狂的情愫

早恋，是指未成年男女建立恋爱关系或对异性感兴趣、痴情或暗恋等，一般指18岁以下的青少年之间发生的爱情。许多家长在知晓青春期的孩子谈恋爱后，一般都会火冒三丈，进行训斥打骂，却忘记了孩子正处于叛逆期，这样的处理方式只会让孩子更加坚信自己的选择，甚至为了反抗家长而做出更加"出格"的事。

一般来说，青春叛逆期孩子的情感比较丰富，但是容易波动。在对异性的追求中，容易冲动，缺乏理智的管束。这种狂热的情感一旦冲垮理智的堤岸，对于孩子来说，他们品尝到的往往不是爱情的甘露，而是难以下咽的苦涩青苹果。可见，孩子早恋的后果是十分严重的，不仅会影响孩子的学习和生活，更重要的是可能还会对孩子的身心造成伤害，影响孩子人生的发展方向。

小雪长得十分漂亮，读初中三年级的她已经变得亭亭玉立了，加上小雪的成绩一直都很好，自然在班里十分受欢迎，尤其是很受男生的欢迎。

但是，自从上初三之后，小雪的成绩就出现了下滑，而且家长发现小雪变得十分爱打扮了，经常站在镜子面前好长时间。她每天穿着漂亮的衣服，梳着好看的发型，高高兴兴就出去了，玩到很晚才回来。妈妈问她去哪里了，小雪不是说出去和同学玩了，要不就是说到好朋友家去了。

但是，妈妈觉得最近几天小雪的行为不正常，常常会一个人傻笑，要不就是坐着发呆。妈妈是过来人，加上女儿的年龄也大了，自然会想到孩子可能早恋了。

正确面对孩子早恋的问题

由于早恋很容易使心理不成熟、性格又容易冲动的孩子走向极端,做出种种不可思议的事情来,所以,如果孩子早恋了,家长应该积极想办法加以引导。

1 信任孩子

很多家长对孩子与异性的交往过于敏感,这样会让孩子觉得家长不信任自己,以后就算有什么事也不愿意告诉家长了。所以,对待孩子一定要信任。

2 理解孩子,绝不打骂

家长应该理解孩子青春叛逆期渴望与异性交往的心情,如果孩子真的早恋了,也不要打骂孩子,否则只会把孩子越推越远。

3 告诉孩子异性交往的分寸

家长不妨直言不讳地告诉孩子,青春叛逆期想接近异性并不可耻,但一定要把握分寸,让孩子大方地与异性交往。

虽然妈妈十分生气,但还是先静下心来,决定好好和小雪谈一谈。妈妈笑着说:"小雪,妈妈觉得你最近心情非常好,是不是谈恋爱了呀?如果是,你可不要瞒着妈妈,妈妈可不是那种封建的家长。"看到妈妈笑着和自己说话,并没有要教训自己的意思,小雪就对妈妈坦白了。原来,小雪和隔壁班的体育委员恋爱了,小雪说那个男生长得特别帅,打篮球打得特别好,很多女生都偷偷地喜欢他呢。看着女儿眉飞色舞的样子,妈妈就知道小雪陷进去了。

虽然知道早恋对孩子不好,但是妈妈也明白强行制止根本没有用,甚至后果会更糟。于是妈妈经常和小雪谈心,告诉小雪一些要注意的地方,还鼓励小雪多认识一些男生,让小雪和那个体育委员比赛学习,等等。逐渐地,小雪的心思又回到了学习上,虽然还没有和那个男生分手,但妈妈相信,时间长了小雪就会明白自己的苦心的。

小雪有一位善解人意的妈妈,知道女儿的心意后,她耐心地和孩子谈话,采用理解和尊重的方式,引导孩子正确处理这一时期的情感,这样理性的沟通和引导,可以让孩子更加顺利地度过那段迷惘和不安的时期。但并不是所有的家长都能像小雪的妈妈一样,能够理解孩子。

在教育孩子的过程中,许多家长认为,对待青春叛逆期的孩子,应该严加看管,坚决不允许孩子陷入早恋的泥潭。于是,即使孩子只是和异性说说话，家长也会捕风捉影，狠狠教训孩子一番。实际上，青春叛逆期的孩子渴望与异性接触和交往，是青少年身心健康发展的重要标志。再者说，和异性交往并不一定就是早恋了，也可能只是同学、朋友之间的友谊。即使孩子真的恋爱了，作为家长，也不能采取强硬的手段，应该学习小雪妈妈的做法，把握教育和管理的分寸，不要和孩子较劲，应理性面对孩子的早恋问题。

第三章
青春叛逆期孩子的厌学问题

○ 学习没意思，不想学了

生活中，有的孩子只要一提到上学或者看书就会浑身难受，出现肚子疼、出汗或者失眠等症状，但是带孩子去医院检查却发现孩子的身体并没有什么问题。这个时候，家长就应该引起注意了，孩子很有可能是得了厌学症。厌学症是目前青少年诸多学习心理障碍中最普遍的问题，是青少年最为常见的心理疾病之一。

从心理学的角度来看，厌学症是指孩子消极对待学习活动的行为反应，主要表现为对学习存在偏差，情感上消极对待学习，行为上主动远离学习。患有厌学症的孩子往往会对学习失去兴趣，他们没有明确的学习目的，恨书、恨老师、恨学校，严重者一提到上学就会恶心、头昏、脾气暴躁、歇斯底里。

小健正在上初中二年级，但是家长发现最近孩子放学回家的时候脸色都十分难看。以前回家就会写作业，但是最近也不见他写作业了，不是看电视就是躲在自己房间里，总之不是写作业，因为书包都是回家就放在客厅沙发上，根本就没带进他的房间。

有一次,爸爸轻轻地推开门进入小健的房间,却看到小健躺在床上睡觉。难道是孩子生病了?于是爸爸赶紧喊来妈妈,妈妈把小健喊起来,耐心地问他是不是哪里不舒服,可是小健只是说:"没有不舒服,就是想睡觉。"

这下爸爸生气了,掀开小健的被子说:"那还不赶快起来写作业!不学习了?"小健也生气了,一下子坐起来,大声说:"写作业,写作业,整天就知道让我写作业!我不写,我不上学了!"没想到小健会说不想上学了!小健以前的成绩也不错,虽然升入初二后有一点下降,但家长认为只要努力一点肯定能提上去的,但是没想到他却说不想上学了。

于是,爸爸给班主任打电话询问小健在学校的表现。班主任说最近小健的表现十分糟糕,上课不好好听讲,不是睡觉就是看课外书,从来不举手回答问题。有时老师主动提问他,他也很少能回答上来。作业不好好完成,而且学习也跟不上老师的进度。

爸爸听了班主任的话,有点不敢相信,小健以前挺爱学习的,为什么现在会出现这样的情况呢?可是孩子不上学肯定是不现实的,一定得帮孩子分析原因,找出对策才行。

例子中的小健很有可能是有了厌学情绪,才会导致上课不好好听讲,课下也不做作业,还有了不想上学的想法。那么,孩子

如何让孩子重新爱上学习

1 降低对孩子的期望值

家长总是希望孩子是第一,这会给孩子造成很大的心理压力。因此,家长应该正确看待孩子的成绩,不一定非要"第一"。

2 让孩子体验成功

如果孩子多次在学习上失利,就会对学习失去兴趣。那么,家长可以创造机会,让孩子体验成功,体验到学习的乐趣,孩子慢慢就会爱上学习。

青春叛逆期是孩子学习的关键时期,家长一定要多和孩子交流,随时注意孩子的情绪,在出现一点儿不好的苗头时,就积极采取措施,及时引导孩子,避免产生不良后果。

为什么会产生厌学心理呢？主要有以下几点原因：

其一，家长的期望值过高。许多家长为了让孩子取得优异的学习成绩，有一个美好的前途，会付出许多努力，采取很多措施，这会让孩子的身心有很大的压力，生怕学不好会让家长失望。

其二，孩子消极的情绪和情感。任何事情都不可能是一帆风顺的，学习也是如此，孩子可能由于学习上的失败、学习成绩的暂时落后等原因遭受家长、老师的批评，同伴的疏离等，产生一定的消极情绪和情感，而这种消极的情绪和情感不断积累，会严重妨碍孩子的学习，导致其学习没有动力，把学习视为一种压力和负担。当然，还有的孩子由于害怕失败，唯恐失败会影响到自己在他人心目中的形象，于是对学习产生过度焦虑，从而害怕，甚至讨厌学习。

其三，孩子没有树立正确的学习动机。有的孩子不知道为什么学习，认为学习是为了家长或者老师。加上了解到社会上一些没有多少文化的人却赚了大钱，而上过大学的人却找不到工作的时候，孩子就会迷茫，不知道为什么要学习，这样自然而然就会对学习失去兴趣，甚至厌学。

青春叛逆期本是孩子学习的黄金时期，这个时期如果孩子对学习失去兴趣，一定会影响孩子以后的人生之路。因此，作为家长，一定要帮助孩子找到学习的目标和动力，让孩子摆脱厌学心理，重新爱上学习。

○ 孩子努力了却没有好成绩

当大多数家长在为孩子的贪玩、不爱学习而烦恼的时候，却有一些家长在为孩子非常勤奋而考不出好成绩而发愁。针对这样的现象，家长不必过于着急，这是每个人的学习能力强弱的差别。

那么，什么是学习能力呢？所谓学习能力，通俗地讲，就是一个人学习知识、增长才干的本领，是学习文化知识、认识社会、认识周围世界的能力，而不仅仅是学习书本知识的能力。一个人的学习能力往往决定了一个人竞争能力的高低。

小谷每天学习的时间都非常长，由于住校会有规定的熄灯时间，所以，小谷就让妈妈在学校附近租了一间房子，每天小谷下了晚自习之后，都会到租的房子那里继续学习，每天睡觉的时间都不会在12点之前，而且早晨还会早早起床，到学校和住校的同学一起上早读。在课下的时候，除了上厕所，小谷从来不会出去玩，都是坐在自己的位置上，不是预习复习，就是在给自己加点题目做做。

连老师都说，小谷是全班最用功学习的一个学生，经常让大家向小谷学习。按理说，这样的努力，小谷的成绩应该非常出色才对，但事实并非如此，小谷的成绩只是中游水平。因此，许多同学都在背后议论小谷，有的同学还说："我要是这样努力，

如何提高孩子的学习成绩

学习并不是只要保证时间就可以提高成绩了，还需要一定的方法和技巧。

1 规定时间，制订计划

给孩子规定一定的时间内完成一定的学习任务，这样就明确了孩子的学习计划和目的，不会造成精力的浪费，还能省出时间让孩子休息。

2 培养学习兴趣

兴趣能提高学习效率，对孩子正在进行的活动起推动作用，从而提升学习成绩。

除此之外，还要培养孩子良好的学习习惯，这对孩子的成功至关重要。家长可以有意识地观察和询问孩子的一些学习习惯，及时发现问题，帮助孩子纠正坏习惯，强化好的学习习惯。

考清华、北大都不是问题。"也有的同学怀疑小谷是不是智商有问题，要不然怎么会这么用功还考不出好成绩呢？

其实，小谷自己也很清楚，但是没有办法，如果自己不这样努力，可能连现在这样的成绩也考不出来。有时，小谷也会感到十分着急和沮丧，想想自己的付出，再看看自己的成绩，小谷都会感到十分伤心，却不知道问题出在哪里，难道真的是自己的智商有限吗？家长有时看到女儿这样努力也十分心疼，在家的时候几乎不敢谈论"谁家的孩子考得好"这样的话题，就怕伤了小谷的自尊心。

例子中的小谷学习非常努力，也很刻苦，却考不出好成绩，让自己非常痛苦，也让家长十分着急，还让自己成为同学嘲笑的对象。其实，这并不是智商的问题，只是小谷的学习能力可能差一点儿，因此学习起来十分吃力，即使耗费了很多时间，效率却并不高。

有人说："未来竞争的唯一优势在于更强的学习能力。"的确，如果一个人拥有较强的学习能力，就能够一点就通，举一反三，那么无论是学习生活，还是将来在工作应酬方面，都有着无与伦比的优势。也正是因为如此，想要在将来能够具有这样的优势，就必须提高自己的学习能力，这并不是花费的时间多就可以做到的，而是有一定的技巧和方法的。

因此，作为家长，一定要帮助孩子掌握学习技巧，克服学习障碍，一旦击退这个"强敌"，孩子的学习就不再是问题，孩子的信心也会像早晨的太阳一样蒸蒸日上。

○ 孩子的学习规划很重要

许多家长都会发现，孩子在进入青春叛逆期以后会认识到学习的重要性，而且一旦进入青春叛逆期，孩子原本就有的好胜心会越来越明显，自己很想受到别人的关注、羡慕等，因此，学习起来也比较自觉。但是，有些孩子似乎总是力不从心，感觉时间不够用，学习效率低，这是为什么呢？

其实，任何事情想要成功都必须有一个合理的计划，学习也是一样的。合理的学习计划就是提高孩子成绩的行动路线，是帮助孩子成功的有力帮手。没有学习计划，学习便失去了主动性，学习没有规律，抓不住学习重点，就算有再多时间也感觉不够用，总是被其他同学远远甩在后面。

小霜自从升入初中以后，每天都会认真学习，妈妈还会额外给小霜布置一些作业，小霜倒是没有反感家长的干涉，而是对妈妈的作业一直认真对待。但是，就算是这样认真学习，小霜的成绩还是不尽如人意，小学的时候成绩还算可以的她，现在竟然在班里是中游偏下了。这可难坏了小霜和爸爸妈妈，不知道该怎么办了。

为了赶成绩，周末在家时，小霜每门功课都想看，刚看了

做好学习规划

1 合理安排时间

可以和孩子制订出一张作息时间表，标明休息、吃饭、上课、娱乐和学习的时间，帮助孩子合理安排。

2 明确学习任务

很多孩子在制订计划时会有些不切实际，家长帮助孩子制订符合实际的任务，并将任务具体化。

3 学习计划与教学同步

只有这样，孩子才能把预习和复习纳进学习计划中。因此，要以学校每日课程表为基准制订学习计划。

4 监督孩子执行

任何计划只有有力执行才能起作用。因此，在帮助孩子制订完计划后，还要监督和协助孩子执行计划。

一会儿这门功课,忽然想起另外一门还有一个疑点,就赶紧放下手里的书,去看那门功课去了。她总是看着一本书,心里惦记着另外的书。往往思维还没有转换过来呢,小霜已经又换书了。初中的课程比较多,所以,小霜手里的书就一直在变,但是就算这样,有时一天下来似乎也没有认真看过一门功课,每一门都是走马观花。

另外,小霜看的时间也很随意,并不清楚自己什么时间该干什么,有时不想起床就赖在床上,等九点多才起床,起来收拾一下吃过早饭就快 10 点了。原本想着早点背书记忆力好一点儿,但是看时间不早了,小霜就改变了原先的想法,不背书而去做数学题了。小霜心里很想学好,可是真的不知道该怎么学才能学好,照理说自己并没有很爱玩,有时学到很晚,也算是用功的了,怎么就不见成绩提高呢?

很明显,例子中的小霜虽然想要好好学习,但是并没有计划好该怎样学习,也没有想好什么时间该学什么,总是很随性地学。也许在小学时这样学还能学好,因为主科就语数外三门,但是初中课程多了,如果不事先规划好,合理分配学习时间,不能主次分明,那么就会什么也学不好。

因此,家长要切实指导孩子制订合理的学习计划。制订一份合理的学习计划,就等于为孩子找到了促进学习进步的金钥匙。帮助孩子制订严格的学习计划,养成守时、有序、高效的好习惯,是孩子一生受用不尽的财富。从人生成功的角度讲,统筹规划的意识和能力是一个要做大事的人取得成功所必须具备的一项重要素质,而这种素质只能在从小就习惯制订具体的学习计划并严格执行的实践中才能培养形成。

当然,孩子的学习计划应该由孩子来制订,家长要做的就是从旁协助孩子:帮助孩子把学习计划合理完善,监督孩子的执行,结合实际提出修改意见等,而不是越俎代庖,按照自己的希望来制订。

○ 学习效率比学习时间更重要

青春叛逆期是孩子在学习方面花费时间最多,也是最重要的时期,很多家长为了让孩子学得更好一点儿,什么都不让孩子干,争取一切时间让孩子多学习。但是,还是有许多孩子明明花费了很多时间,成绩反而不如一些花费时间少的孩子学得好。其实,这是有关学习效率的问题,有的孩子学习效率高,只要花费很少的时间就能学好;有的孩子则不然。

学习效率,是决定学习效果的关键。只有学习效率高,才能在有限的时间内学到更多的东西,才能有更多的时间从容解决问题。所谓学习效率,指的是学习所消耗的时间、精力与所获得的学习数量和质量之比。实际上,学习效率所探讨的就是如何以最少的时间、精力投入并获得最多、最好的知识以产生较强的能力使学习效果最优化的问题。

语嫣上初三了,想要顺利升入理想的高中,就必须在这段时间再努力学习。虽然语嫣的成绩还算可以,但是还是有不少提升的空间,尤其是英语。如果把英语成绩提上来,语嫣的总体成绩就能提升不少。因此,为了学好英语,语嫣把大量的课余时间都用在了英语上面。

整整学习了一个月,然而在月考中语嫣的英语并没有任何提升,这难免让她有些沮丧。语嫣为了学好英语,特意到办公室去请教英语老师。英语老师问她:"你都采用什么方法学英语的呢?"语嫣如实回答道:"我每天都在背单词,我感觉我的词汇量太少了,我都是看着单词表,一遍一遍地写,不是说写的话能增强记忆力吗?"

老师却说,只是背单词效率太低,让语嫣试着多读一些英语短文,在文章中记单词,既能学会单词,还能提高阅读速度,这样在考试时就能有充足的时间完成题目。

语嫣按照老师的方法去学习,果然比单纯记单词效果要好一些。这样坚持了两个月,在期末考试中,语嫣的英语提升了近二十分!

看来,学习效率对于学生的成绩是十分重要的。那么,为什么同样是学习,有的孩子会出现学习效率低的情况呢?其原因是多方面的:

如何提高学习效率

1 了解孩子的学习心理规律

每个人学习的最佳时间是不一样的。因此,家长要观察孩子,了解孩子的学习心理规律,把握孩子学习生物钟,提高学习效率。

2 劳逸结合

首先要保证充足的睡眠,还要给孩子参加其他活动的时间,让孩子有学习有休息,劳逸结合,学习效率才会更高。

3 优化学习策略

指导孩子将知识点归纳总结,找出异同点,从而掌握举一反三的学习方法。只有找对了学习方法,才能事半功倍。

当然,提高学习效率的途径还有很多,只要家长做个有心人,发现好的经验,及时指导孩子适当运用,孩子的学习效率一定会很快提高。

首先是学习动力。相关研究表明,孩子的学习动力与学习效率呈正比。对于青春叛逆期的孩子来说,学习动力很大一部分来自学习兴趣,他们对所学的内容感兴趣,学习就会积极主动;如果孩子不喜欢学习某些东西,即使被家长"逼着"去学习,他们也不会认真对待,往往会想方设法逃避。实在逃避不了的,就敷衍了事。这样的话,肯定无法保证学习效率了。

其次是学习习惯。没有良好的学习习惯,就很难把学习学好。比如,有的孩子上课一边听课一边玩,这样就不能保证心思都在听课上,也就无法保证学习效率了。

再次是学习方法。如果孩子的学习方法不当,总是死记硬背,抓不住学习重点的话,就不能形成知识结构,自然是没有学习效果的。例子中的语嫣开始学习效率低,就是由于学习方法不当造成的。

总之,如果孩子学习效率低的话,家长要及时找出原因,然后进行有针对性的指导。

第四章
与青春叛逆期孩子的亲子关系

○ 家里多了个叛逆少年

随着孩子的成长,越来越多的家长感到前所未有的忧虑和烦恼,也对孩子有了越来越多的不解和无奈。曾经的乖孩子转眼间变成了家里冷漠而熟悉的陌生人,曾经和家长无话不说的乖乖女变成了不听家长话的火暴女……许多家长对此感到很困惑,不知道孩子为什么会变成这样。家长想要了解孩子变化的原因,就必须先了解青春叛逆期孩子的心理特点。

处于青春叛逆期的孩子,对成人仍将自己看作小孩子这种行为是非常反感的,他们希望家长以及周围的人把自己看成是一个大人,能够把自己当作平等的朋友,能够理解、尊重自己。并且许多事情他们不愿意和家长商量,而是希望能够拥有足够的时间和空间自由挥洒。

然而,对于那些总是习惯于参与孩子一切的家长来说,孩子的这一心理和行为的变化让他们感到措手不及,总觉得孩子变了,于是就会强行参与到孩子的生活中,干涉孩子的决定,这样的话,孩子就会反抗,亲子关系就会变得十分紧张。

小俊所在的初中是一所名校,就因为小俊从小就学习非常认真,所以才能考上这所学校。现在,小俊已经读初二了,之前成绩一直不错。但是,这段时间却有所下滑,爸爸妈妈以为是孩子的学习负担太重了,出现这种状况是可以理解的,而且小俊从小学习就非常主动,因此,并没有太重视。

可是,有一天班主任打电话来,说小俊最近一段时间学习情绪不高,上课听讲也不认真,好几次老师发现他在看小说或者在画画。

这是怎么回事呢?小俊一直都非常听话,学习上的事家长根本就不用操心。于是,爸爸妈妈经过仔细商量,让妈妈和小俊好好谈谈,因为小俊和妈妈比较亲近。

然而,谈话的结果让家长十分吃惊。小俊根本就没有好好和妈妈说一句话,一直对妈妈爱答不理的,最后还说妈妈烦,让妈妈闭嘴!妈妈十分生气,可是小俊已经起身要回自己房间了,妈妈只好跟着进去了。

小俊看到后生气地说:"这是我的房间,你怎么不敲门就进来!"

妈妈则说:"这是爸爸妈妈买的房子,怎么就成了你的房间了!"

小俊没有想到妈妈会这样说,拿着书包就往外走,还说:"好,你们的房子,我不住了,可以了吧?"说完,就夺门而出。

如何与青春叛逆期的孩子相处

面对青春叛逆期孩子,家长如何做,才能真正成为孩子的好朋友,进而友好相处呢?家长可以参照以下几点建议。

1 选择合适的机会进行沟通

和孩子交流,不能急在一时,要选择适当的机会,比如在散步或者购物的时候,在这种轻松的气氛中,才有利于和孩子进行交流。

2 利用多种方式

交流不一定是面对面,写信、发条短信等这样的方式,既不用看对方脸色,又可以减少很多冲突和矛盾,还有利于深层次的沟通。

 跟上孩子成长的脚步

孩子思想前卫,很多语言和行为家长理解不了,很难有共鸣。因此,家长应及时充电,多了解孩子的世界,这样沟通才会更加畅通。

家长应尊重孩子,真诚地与孩子交流,不要只是居高临下命令孩子。只有平等的交流,才会让家长和孩子更加亲近。

这个孩子是怎么回事？这还是原先那个听话乖巧的小俊吗？妈妈实在不明白，怎么一转眼孩子就变成这样了？但是，她还是担心小俊，就让爸爸去追小俊了。

许多家长都和小俊的妈妈一样，对孩子突然不听话感到莫名其妙。他们总是在问孩子，把自己的想法说给孩子，责问孩子，但是孩子究竟在想些什么，最近的心理状况如何，家长往往并没有关注到。

孩子进入青春叛逆期以后，他们的身体发育加快，开始思考人生、思考自我，开始被身心成长过程中的许多问题所困惑。此时，他们想办法去解脱这些困惑，这是人的生存本能。因此，他们常常会有一些反常的举动。

相关心理学家曾做过调查，结果发现，十岁之前的孩子很愿意和家长沟通，他们会把自己的想法说出来。但是进入青春叛逆期后，尽管家长依然爱着孩子，可是孩子的内心却有了新的问题和想法，他们不再愿意和家长交流，而是更愿意和同龄人沟通和交流。这是因为家长总是用"家长"的身份和他们交流，孩子得不到平等和认可，他们感觉不被尊重。

在了解了青春叛逆期孩子的心理之后，家长应该可以理解孩子的一些叛逆行为了。当然，在理解的同时，家长也应调整好自己的心态，暂时忘记孩子青春叛逆期到来时所带来的烦恼，积极地去做孩子最好的心理医生。

○ 说一句，顶十句

　　生活中，许多青春叛逆期孩子的言行十分叛逆，他们要么就不跟家长沟通，要么偶尔说说话，但也是一直顶撞家长，往往家长才说一句，他们已经有十句在等着了。孩子总是认为自己是对的，家长为了纠正孩子的观点，会极力发表自己的观点，如果双方都坚持自己的立场，就很容易形成对立的亲子关系。

　　青春叛逆期的孩子情绪起伏比较大，情感变化也很大，并且他们自己可能也很难驾驭。这个时期的孩子多了许多心事，却又不知道怎么和父母说，或者不愿意和家长说。而家长出于关心，总是会对孩子的反常表现刨根问底，或者有的家长忙于工作而对孩子的变化漠不关心。不管是过于关心还是漠不关心，都会增强孩子的反抗情绪。因此，家长应该放下架子，与孩子平等沟通，做孩子的知心朋友，争取成为孩子倾吐心事的对象和安慰者。

　　小米马上就要升入初三了，原本小米很喜欢和妈妈聊天，学校里有什么新鲜事或者同学之间有什么事的话，小米都会回家和妈妈说个不停。以前，妈妈经常听得不耐烦，让小米不要再说了，然后会找借口走开。

　　最近一段时间，不知道为什么，小米回家后真的什么都不说了，不仅不和妈妈聊天了，连正常的对话也变得"不正常"了。

　　现在，小米每天放学后就躲在自己的房间，不是上网和朋

如何应对孩子的"有理"心理

青春叛逆期的孩子总是认为自己是对的,自己做的、说的都是有道理的,面对孩子的这种"有理"心理,家长应该如何应对呢?

❤ 1 把命令改为商量

以商量的方式去解决问题,即使商量失败,但感情氛围不会破坏,有利于以后问题的再次沟通。

❤ 2 不妨让孩子吃点"苦头"

青春叛逆期是孩子形成主见的关键时期,小错肯定难免。所以,家长应该允许孩子犯点错误、吃点亏,不要过分束缚孩子的手脚。

对于青春叛逆期的孩子,支持要比压制好,商量要比命令好。所以,只要孩子的想法合理,家长就应该给予全力支持!

友聊天就是玩游戏,有时回家连个招呼都不跟家长打。有时妈妈进去问小米,晚上想吃什么,小米会不耐烦地说:"随便什么都行。"看着孩子一直在玩,马上就要读初三了,妈妈十分着急。有时会对小米说不要再玩游戏了,多看看书。小米就会生气地回答:"我自己的事不用你们管。"看到妈妈经常打扰自己玩,小米干脆在房间门口挂上一个牌子,写着"请勿打扰"。

看到女儿的行为越来越离谱,也不愿意和家长沟通,于是爸爸妈妈决定好好和小米谈一下。

一天放学后,爸爸对小米说要开个家庭会议,小米把书包一放,没好气地说:"我不参加。"爸爸说全家人都必须参加,并且要讨论的事情就是小米的问题。

小米问:"我有什么问题?我什么问题都没有,你们自己讨论吧。"

妈妈看到小米的态度,生气地说:"你这是对爸爸妈妈该有的态度吗?是不是有些不可理喻呢?"

小米瞪着眼说:"我就是不可理喻!所以你们不要理我了!"说完,转身就进到自己的房间,还把房门使劲摔上了。

爸爸妈妈看到这样的小米,感到十分震惊,原先乖巧听话的女儿怎么变成这样了?总是和爸爸妈妈顶嘴,爸爸妈妈说一句也不行,现在的孩子实在是难教育了。

那么,青春叛逆期的孩子为什么如此叛逆呢?主要有以下三方面的原因:

第一,青春叛逆期的孩子由于身体发育而产生了一些属于青春叛逆期的独特心理。身体上的变化、第二性征的出现给孩子的心理造成了冲击,他们往往会对此感到十分不安、不知所措,因此，他们就会产生浮躁心理与对抗情绪。

第二，除了身体上的发育趋于成熟之外，青少年还渴望独立，希望周围的人把自己当作成年人来对待。因此，在面对一些问题时，他们常常呈现出一种幼稚的独立性。

第三，青春叛逆期的孩子自我意识增强，社会上各种新奇的事物让他们产生了兴趣，他们要通过表现个性、追求时尚等方式来满足自己的好奇心。因此，常常要让自己显得十分有个性才行。

当然，社会和家庭教育的一些不足、孩子面临的各种压力，以及生活中的无聊情绪等，也是叛逆心理产生的"沃土"。在孩子出现叛逆心理的时候，会有许多不同的表现，会一直和家长对着干，也就会在家长对自己说教的时候表现出自己的不满。

在这个时候，家长也不要一直抱怨孩子不听话，而是应该反思一下自己，是不是自己正在挑起孩子的反抗情绪，或者孩子真的是对自己有什么意见。家长应该多与孩子沟通，找出原因，并有针对性地找到解决办法，这样才能缓和亲子关系。

○ 家长的"嘱咐"变成了"唠叨"

当孩子进入青春叛逆期后，家长对孩子的嘱咐，开始让孩子觉得不耐烦。虽然处于青春叛逆期的孩子渴望倾诉，也渴望被理解，但是他们更像是一个锋芒毕露的麦芒，这就为孩子和家长之间的沟通造成了很大的障碍。

家长应该明白，青春叛逆期对于一个孩子来说，既是多愁善感的，又是喜怒无常的，孩子在这个时期的感情细腻而多变。因此，需要家长更加无微不至的呵护，一不小心，孩子就可能会出现成绩下滑、早恋或者结交一些不良朋友等。因此，家长都会对青春叛逆期孩子的一举一动相当敏感，总是担心孩子这个做不好，那个弄不好。结果，家长就会不断在孩子耳边嘱咐这个，嘱咐那个，而孩子有自己的主见，所以会觉得家长爱唠叨。

家长应该相信孩子，给孩子独立的空间。有时候孩子的一些作为，家长不认同，但也并不能说是孩子做的有多错，只要不是什么原则性的错误，不妨让孩子自己去"闯荡"一番。

另外，家长忽视的一点是，这一阶段孩子的独立性增强，总希望得到他人的承认和尊重，希望摆脱家长的约束，渴望独立。他们不愿意再像"小孩子"一样服从家长和老师，他们希望获得像"大人"一样的权力。因此，青春叛逆期的孩子，最讨厌的就是家长的唠叨，他们会觉得家长这样很啰唆。

....

小磊上高二了，是家里的独生子，家长对小磊关怀备至，什么事情都会替小磊做好。除了工作时间外，家长几乎把所有的时间都用在了小磊身上。

以前，小磊觉得十分幸福，经常跟着爸爸妈妈到处玩，妈妈还和自己一起写作业、一起学习。小磊还经常和同学们炫耀呢，别人都羡慕小磊有这样的爸爸妈妈。

如何和孩子进行有效沟通

1 说话简洁，学会察言观色

和孩子交谈的时候，如果发现孩子不感兴趣，就要立即停止或转移话题；就算孩子还在听，也要说话简洁、目的明确，切忌啰唆。

2 用"小纸条"代替说话

沟通不一定是用嘴说，用小纸条也是个不错的方法，既表达了关心，又避免了面对面可能会产生的矛盾。

让孩子打开心扉，与孩子交流，总的原则就是：一定要让孩子觉得家长是真正在关心他，并且是从心底里关心的那种。这样，孩子才会接受家长。

可是，自从升到高中以后，情况慢慢就变了，小磊不愿意再和爸爸妈妈一起出门了，对于妈妈的话也不那么爱听了。

上次考试，小磊的成绩下降了不少，妈妈就开始有些担心。但是，最近孩子都不肯和自己聊天了，妈妈就在吃饭的时候主动问起小磊的学习情况。

小磊不高兴地说："整天就知道学习，我就得每次都考好才行啊？"

妈妈没想到孩子会这样回答，赶紧说："当然不是要你每次都考好，但是我们要分析一下考不好的原因啊！"

小磊把刚夹起来的菜又放下，不耐烦地说："要分析你自己分析，我没什么好分析的。"

爸爸在一旁看不下去了，厉声说道："妈妈是关心你，你怎么对妈妈说话呢？"

小磊把筷子放下，高声说道："我怎么说话了，还让不让人吃饭了？你们怎么这么啰唆啊！一天到晚唠叨个没完。"

小磊说完，起身回自己房间了，留下爸爸妈妈在饭桌前苦恼。妈妈说："这孩子是怎么了，以前学习的事都会和我说，现在怎么还说我啰唆、唠叨了？"爸爸看着小磊的房间，叹了口气。

其实，许多家长和小磊的家长一样，看到孩子成绩下降就会赶紧找孩子来问清楚，而"在与孩子沟通的问题上，家长指导孩子学习的占70%，这就是问题的症结所在"。许多孩子在进入青春叛逆期后，本身的学业压力非常大，而家长只关心孩子的学习，并没有过多地关心孩子的成长，只抓孩子的学习。

家长想要和孩子沟通，就需要多关注孩子除了学习以外的其他方面，真正进入孩子的世界中，与孩子像朋友一样沟通，不要居高临下，而是具有亲和力地一点一点地感染孩子，孩子才能打开心扉，接受与家长交流，才不会觉得家长只是在唠叨。

○ 孩子对家长说的话总是嗤之以鼻

许多家长都感叹，为什么孩子到了初中之后和自己的话越来越少、人也越来越叛逆，甚至家长说什么，他们总是不屑一顾、嗤之以鼻？是孩子的价值观发生了改变，还是家长真的落伍了呢？其实，青春叛逆期的孩子是一个渴望脱离家长庇佑的群体，他们并不能完全独立生存，不能独立面对生存的压力、学习上的困扰等。此时，他们只能"空喊口号"，在行为语言上反抗家长，于是，和家长唱反调就成了他们宣告独立的重要方式。

许多孩子在进入青春叛逆期以后，就不会再像从前那样听话了，不再认为家长说的就是对的。他们总是会对家长的眼光进行挑剔，经常说"俗""太土""你不懂"等。这些语言和行为都代表孩子进入青春叛逆期了，开始有了自己的思想。

心理学家研究发现，孩子在10岁之前是对家长的崇拜期，20岁之前是对家长的轻视期，30岁之前是对家长的理解期，40岁之前是对家长的深爱期，直到50岁才真正了解自己的家长。10岁到20岁之间是代际冲突最为激烈的时期。这个时期的孩子是最让家长操心、担心和伤脑筋的。大多数这个年龄段的孩子，都会开始质疑家长，并认为家长的思想跟不上时代，这也是孩子对家长的说法嗤之以鼻的原因之一。

兰兰是家里的乖乖女,对爸爸妈妈的话一直都是言听计从。但是,自从兰兰升入初二后,兰兰就变了,经常反驳家长,变得十分不听话。而且还总是"笑话"家长的一些观点和看法。

前几天,妈妈说带着兰兰去商场,现在商场许多东西都打折呢。兰兰却说:"我这么大了,还跟着妈妈一起出去,会被人笑话的,你自己去吧。"后来,妈妈软磨硬泡才让兰兰出门。结果在商场里,两个人的意见从来没有一致的时候。妈妈看见粉红色的裙子很漂亮,让兰兰试一下,兰兰赶紧摆手说:"这是什么啊,装嫩呢!我才不要穿呢。"只要是妈妈拿给她的,兰兰都有各种理由拒绝,不是说"太土",就是说"太俗"。结果母女二人无功而返,还让妈妈生了一肚子气。

兰兰放暑假了,期末考试的成绩也出来了,班里考第一的还是叫晓霞的女孩。妈妈忍不住说了句:"晓霞这个孩子就是聪明,还懂礼貌,每次见到我就主动喊阿姨,将来一定有出息。"

兰兰一听,十分不屑地说:"你懂什么呀,她就会装,装可怜、装听话,拍马屁,哪有同学喜欢她啊,就你们被蒙在鼓里不知道罢了。"

没想到兰兰会这样说,妈妈赶紧说:"那人家也是第一名,而且每次都是第一,这还是装的?"

兰兰却说:"第一有什么用?清华、北大的还有找不到工

和孩子成为朋友

1 进入孩子的世界

如果孩子喜欢篮球,就去学习篮球知识;孩子喜欢唱歌,就去学习音乐知识。这样,家长才能真正进入孩子的世界,并有共同语言,和孩子成为朋友。

2 与孩子一起探讨时尚

很多前卫的时尚,家长不了解就认为孩子不务正业。其实,可以和孩子一起探讨,试着接受孩子,然后成为朋友,此时稍微引导孩子,他们才能听进去。

3 给孩子辩解的机会

很多家长不允许孩子与自己意见不统一,不分青红皂白就教训孩子,孩子自然反感。家长应该多听听孩子的话,了解原因,共同商量。

青春叛逆期的孩子都比较敏感,家长的一言一行都对孩子产生很大的影响。所以,家长要给青春叛逆期的孩子更多的关爱,让孩子体会到爱,从而远离孤独和自闭。

作的呢,谁还稀罕一个第一啊!"说着就转身要回自己的房间,临走还对妈妈说,"你们就是思想落后,唉!"

为什么妈妈挑的裙子兰兰看不上呢?妈妈夸奖晓霞,兰兰为什么要嗤之以鼻呢?其实,这就是青春叛逆期逆反心理的表现。由于青春叛逆期的孩子独立意识慢慢增强,并有了自己的想法,此时,他们希望家长和其他人能够把自己当作大人一样看待,但是家长眼中的他们还依旧是个小孩子。为了让家长改变这一想法,他们就以唱反调的方式来显示自己。

很显然,孩子的这一心理和态度会给亲子关系带来障碍,让许多家长感到无所适从。但是,家长也不要只是认为孩子不懂事,从而更加约束孩子,这样只会适得其反,引起孩子更强烈的反抗情绪。对待孩子的这种态度,家长应该突破传统的固定的教育模式,注意与孩子的沟通,多尊重孩子,平等地对待孩子,和孩子成为朋友,一起进步,孩子就不会再事事针对家长了。